シリーズ
〈和解の神学〉
日本キリスト教団出版局

暴力の世界で柔和に生きる

スタンリー・ハワーワス、ジャン・バニエ
五十嵐成見、平野克己、柳田洋夫〔訳〕

© Dwayne E. Huebner, Margaret Adams Parker

Living Gently

in a VIOLENT WORLD

Living Gently in a
VIOLENT WORLD
The Prophetic Witness of Weakness

Published by InterVarsity Press

tr. by
IKARASI Narumi
HIRANO Katsuki
YANAGIDA Hiroo
Published by
The Board of Publications
The United Church of Christ in Japan
Tokyo, Japan

まえがき

二〇一三年秋、デューク大学の神学部で客員研究員として過ごしていたとき、キャンパスまで一時間かけてゆっくり歩き、学生カフェの広いテラスでコーヒーを飲むことで一日を始めました。静かな朝を楽しむかけがえのない時間でした。

そのテラスの真ん中に置かれていたのが、本書の扉に掲載した彫刻でした。両端に対照的な二人の若者。一人は崩れ落ち、やせ細り、下着姿で、靴も履いていません。もう一人は、整った身なりですっくと立ち、腕を組み、視線をそらしています。体重は外側の足にかけられ、今にもその場所から立ち去りそうです。その二人を、顔を歪めた老人がつないでいます。老人の右手は崩れ落ちた若者の背中を包み、左手はもう一人の若者の怒りで堅く組んだ腕にそっと置かれ、二人の間にぱっくりと開いた溝に橋を架けようとしているかのようです。

言うまでもなく、「放蕩息子のたとえ」（ルカ一五・一一—三二）に基づいた彫刻です。神の前で失われているのは、放蕩に身を持ち崩した弟一人ではありません。心を固く閉じた兄もまた失われています。その狭間で、この父は苦悶しているのです。

和解こそ、神学の目的である――それがデューク大学神学部で繰り返し語られていたことでした。その象徴として、この彫刻を交わりの場の中心に置くだけではなく、同神学部は二〇〇五年に「和解センター」を設置しました。「神は、キリストを通してわたしたちを御自分と和解させ」、そして、「和解のために奉仕する任務をわたしたちにお授けに」なった。その二つの和解をひと息で語るパウロの言葉に基づいてのことです（IIコリント五・一八）。（和解センターについては、次のサイトをごらんください。divinity.duke.edu/initiatives/cfr〔英文〕）

同センターは、「和解の神学」をめぐる対話の糸口に、七冊の本を刊行しました。いずれも、社会の現場に生きる実践者と神学者という組み合わせによる共著です。しかもたいへん興味深いことに、そのいずれも、この世界がわたしたちに教え込み続けている物語ではなく、聖書が語る特殊な物語――神の民が痛みと希望の地を歩みながら語り続けてきた物語であり、現代に生きるわたしたちにも神に従う旅に出ることを求めてくる物語――に堅く立っていることです。そのうちの三冊を翻訳し、シリーズ「和解の神学」全三巻として、日本の教会にご紹介することになりました。本書『暴力の世界で柔和に生きる』はその第一巻です。

キリスト者の社会活動は、神学的な輪郭が与えられなければ忍耐強い取り組みはできません。和解と平和への歩みは長い道のりであるからです。そしてまた、社会活動に献身するキリスト者の声に耳を傾けることがなければ、神学の歩みは机上のゲームとなってしまうでしょう。「わたしに従いなさい」と呼びかけてくださる主イエス・キリストは、山上に留まることなく、分裂と痛みに満ちたこの世界を歩まれました。主に従うとは、主の痛みと希望が、わたしたちの痛みと希望になっていくことを願いながら、独りではなく、また、限られた仲間たちとでもなく、主イエス・キリストが呼び集められた、多様な賜物を持つ人々と共に旅をしていくことなのです。

知的障がいのある人たちと共同生活をするコミュニティ「ラルシュ共同体」の創設者ジャン・バニエと、現代米国を代表する神学者スタンリー・ハワーワス。本書の共著者は、まさに「ありえない組み合わせ」(二二頁)、しかもワクワクする組み合わせです。組み合わせだけではありません。内容そのものが、どれほどわたしたちをワクワクさせることでしょう。わたし自身、興奮しながら本書刊行の準備をしました。その過程で、新しい光の中で教会を発見し、この社会を発見し、自分を発見したように思います。あなたもまた、この本を読むと、きっと誰かと話をしたくなるでしょう。巻末には「スタディ・ガイド質問集」も収録されています。教会の仲間と、あるいは友人たちと、この本を読みながら語り合うことができたらどんなにすばらしいことでしょう。

「和解センター」は、二〇一二年から「北東アジアキリスト者和解フォーラム」を開始しました。以降、韓国・加平、長崎、香港、韓国・済州と会場を移しながら、集いを続けています。そこには、日本・韓国・中国・米国、そして香港・台湾から、プロテスタント諸教派とローマ・カトリック教会、さらに社会の現場で働く者たち、大学や神学校で働く者たち、牧師や神父が集い、寝食を共にし、礼拝し、聖書に聞き従う一週間を過ごします。二〇一八年五月には、京都に九〇名を集めて第五回フォーラムが開かれ、スタンリー・ハワーワス教授が来日します。それに合わせて、本書を刊行できたことは大きな喜びです。詳細は次のサイトをごらんください。neareconciliation.com（英文）

本書は、デューク大学でハワーワスと共に研究して来られた東方敬信先生のもとで開いた勉強会のために、柳田洋夫先生と五十嵐成見先生が翻訳したものが土台となっています。刊行にあたって二人が訳文を再検討し、わたしが文章を整えました。もしも誤りが少ないとするなら、それは二人の力によるものですし、読みにくいところがあるとすればわたしの責任です。

わたしたちの教会は、小さな群れです。しかしそれゆえに、果たすべき役割、果たすことのできる使命があります。本書からわたしがいただいた希望に満ちたヴィジョンが、きっとあなたにも与えられることでしょう。

二〇一八年五月

平野　克己

もくじ

【凡例】文中の［　］は訳者注である。

はじめに——暴力の世界で柔和に生きる

ジョン・スウィントン

わたしは「よい仕事」などということには関心はありません。わたしの関心は、教会に基づいたコミュニティのためのヴィジョン、そして、……わたしたちはみな兄弟であり姉妹であり、イエスは、ピラミッドのような階層社会ではなく一つの体となるようにと、わたしたちを招いておられるのです。

ジャン・バニエ

学究生活に入る以前、わたしは精神科の看護士として長年過ごし、その後メンタルヘルスに関わるチャプレン［教会以外の場に奉仕する牧師］となり、さまざまな精神的疾患や知的障がいのある人たちの中で働いていました。メンタルヘルスに携わる多くの同僚たちとは異なり、そこにいる人たちの状態から彼らを診断し、病因をさぐることにはあまり興味がありませんでした。まだ若くはありましたが、診断してラベルを貼り付けることでは、人を的確に説明することはできないと認識していたのです。事実、そのような「説明」は、相手にラベルを貼り、烙印を押すことによって、その人を破壊しかねないものなのです。わたしの関心は、このような生活体験を持つ人たちは、いったいどのようにこの世界を見ているのか、ということでした。彼らは物事を違う眼で見ていました。そして、注意深く耳を傾けるとき、この世界が「正気を失っている」とか「障がいがある」と呼ぶ人たちがわたしの導き手となり――この人たちにまなざしを注いで耳を傾けることを選ぶ人であれば誰にでもそのことが起こります――、虚偽を愛するこの世界のただ中において、別の真理を受け取ることができるようにしてくれたのです。

本書の第三章で、ジャン・バニエはこのように語っています。「歳をとるにつれ、いわゆる『ふつうの人』と会うことがわたしには困難になっているように思います。そこで何を話せばいいのかわからないのです。しかし、障がいのある人たちとの夕の食卓では、ふざけたりして楽しむことができます。わたしは、次第に少しずつ、自分の場所を社会の周縁に移してしまっているのかもしれません。いっそう広がりのある世界に向けて語りかけることが大切であることはわかっていますが、二つの世界に生きることは決してたやすいことではありません」。わたしには彼の言わんとすることがわかります。障がい者の世界、そして、自分たちは障がい者だとは思っていない人たちの世界、二つの世界のどちらにも関わることは、まったく同時に、悲劇にも、失望にも、深い喜びにもなっていくことがあるのです！　しかし、そのような出会いによってこそ、わたしたちの友情、わたしたちの政治学、わたしたちの霊性《スピリチュアリティ》が変革される可能性がもたらされるのです。

「周縁化」という用語は、二つの世界の両方に属する人たちが、しばしば共通して用いる言葉です。[1]しかし、これら二つの世界同士の対話は、教会が教会であるための、そしてこの世がイエスをよく知ることで変革されていくための生命線です。「障がい者の世界」を真剣に受けとめ、物事を別様に見ている人たちに注意深く耳を傾けることによって、自分の見方が形づくられ変えられていくのを受け入れるという、そのこと自体が、変革と希望をもたらす預言者的な働き《ミニストリー》なのです。そしてそれは、信仰によって生きようとするなら、わたしたちすべてが関わっていかなければならないことです。本書の著者たちは、ここにあるエッセイによって、読者たちが「奇妙」な存在になっていく手助けをしたいと願っています。この世界を別様に見るようになり、そのことによって、イエスの忠実な弟子となるために必要な、この「奇妙」という預言者的性質を認識するようになっていくことを。だから、警告しておきます。この本を読み終わるまでに、あなたの友人たちは、あなたはちょっとおかしいと思いはじめることでしょう！

この世界を異なった眼で見る

私たちが生活している欧米社会は、おかしな場所です。よく考えてみればひどく不快で困惑させられる諸真理に、わたしたちは奇妙なことにも居心地のよさを感じています。たとえば、予防できたはずの病気によって、毎日二万人にものぼる子どもたちが死んでいるということを知っても、実に居心地よく過ごしています。平和を求めてまたもや戦争を始める、というひどい皮肉を見落としています。障がい者たちに権利や責任を与えることで、わたしたちの社会に迎え入れようとする政策や実践を推進する一方、まさに同時に、あれこれの遺伝子技術を発達させながら、障がい者たちがこの社会に入ってくることを最初から阻止しようと企んでいるのです。

フランスでは、これから数年の間にダウン症の子どもたちはすべて中絶されることになり、産まれることはなくなるだろう、とバニエが言うことが正しいならば、わたしたちの社会のほうが徹底的に間違っていることになります。わたしの友人、ダウン症のジョンは言います。「そんなことじゃあ、ぼくたちは歓迎されているとは思えないよ。そうでしょ?」[2]と言う通りです。そのとおりです。スタンリー・ハワーワスが第二章で指摘するように、欧米社会における障がい者にとってのほんとうの危険の一つは、「思いやり」なのです！　思いやりの名のもとで、苦痛を緩和しようとするわたしたちの欲求は、神が創造し、この上なく愛しておられる人たちを破滅させることへと、やすやすと向かっていくのです。なんと奇妙なことでしょう。わたしは思うのですが、障がいのある子どもを中絶することでいったい誰の「苦しみ」を緩和しようとしているのかという問いへの答えは、その問いを誰に向けているのか、ということによって決まってくるのではないでしょうか。わたしたちの社会は、障がいのある人たちに向かって問いかける時間をとることは、ほとんどないのです。なんと奇妙なことでしょう。

天の国の手話？　この数年、わたしをはじめとしてアバディーン大学で実践神学に携わっている者たちは、さまざまな参加型調査のために、障がいのある人たちと行動を共にしています。この研究は、障がい、神学、教会、社会に関わる主要な問題を通して、わたしたちが一緒に取り組むことができるように企画され、障がい者と共によく生きる生活の意味を探求しようというものです(3)。そのなかでは、障がいのある人たちが語る話に注意深く耳を傾けるという課題も行われます。「障がいという不思議な世界」に引き込まれ、障がいのある人たちが分かち合ってくれる、わたしたちを変革してくれる物語の聴き方がわかってくるにつれ、それまでわたしたちが持っていた理解、見方、価値観、期待は変化していきました。みなさんも本書のバニエとハワーワスの文章に親しくふれることによって、二人の預言者的な声に耳を傾けることができるようになるでしょう。最初は、アンジェラのことです。

数年前、わたしは「牧会ケア《パストラル》」の授業を担当していました。それは、通信教育のプログラムで、アバディーンで授業に出席している人以外は、イギリス各地の電話口にいます。そのような状況において、そのクラスは、多様な背景と考え方を持つ人たちが参加していました。そこに、目が見えない人と、重度の聴覚障がいのために手話通訳を介して話していた人がいました。あるときの授業で、学生たちが自分たちのさまざまな霊的《スピリチュアル》な経験の分ち合いをしていました。耳の聞こえない女性、アンジェラは、彼女が見た夢について話し始めました。その夢の中で、イエスに天の国でお会いしたというのです。イエスとしばらくのあいだ会話をしたのですが、あのときの平安と喜びはそれまでまったく経験したことがないものだった、と彼女は語ってくれました。「イエスさまは、ほんとうにわたしが思い描いていた通りの方でした」。さらに、このように続けました。「そしてね、い、い、い、い、い、い、い、い、い、い、い、い、イエスさまの手話はほんとうにすてきだった、た、た、たの！」。

アンジェラにとって、天の国の完全の中には、自分の聴覚障がいが「治る」ということは入っていなかったのです。むしろ、天の国は、彼女の現在の生活を制約している社会的、関係的、そしてコミュニケーションの障壁がもはや存在しない場所でした。それまでは「障がい」と呼ばれていたものが、いまや社会の標準となったのです。それまでは排除や不安や隔離や機会損失につながっていたものが、いまや、イエスが彼女に語りかける、まさにその手段となったのです。アンジェラの物語を聞くにつれて、わたしたちの心は新たにされます（ローマ一二・二）。また、イエスが、障がいという「奇妙な世界」にご自分の居を定めながらわたしたちに話しかけてくださるとき、わたしたちは既存の社会から解き放たれて、イエスをそれまでとは違った眼で見るようになるのです。なんて奇妙なことでしょう。

世界を語り直す　ダウン症の若い女性であるダイアンもまた、世界をこれまでとは違った眼で見るようにさせてくれます。どのように自分の霊性《スピリチュアリティ》を経験しているかを話してほしいと頼まれて、ダイアンはこう話します。「わたしは、心臓に穴が空いたまま生まれてきました。小さい頃は、そこにパッチを貼らなくちゃならないほど、重い病気でした。でも、わたしがいつも格別な気分でいられるのは……、神さまがわたしの最高のお友だちだからです。神さまがわたしを特別《スペシャル》に造ってくださったのは、わたしが神さまにとって特別《スペシャル》な人だからです[4]」。

おそらく、ダイアンが話す自分と神との関係の説明について最も驚くべきことは、障がいを語る文化的な物語をひっくり返し、しかも、苦しみや思いやりということについての一般的な考え方に反論していることでしょう。たとえば、彼女のような状態にある人について、伝統的な神学的論議はしばしば神義論に焦点を向けます。「善き愛の神が、どうして肢体不自由者や苦しみの存在をそのままにしておかれるのか？」というように。その一方、わたしたちのリベラルな文化的前提は、しばしばこのように主張します。「そのような人たちは決して存在しないようにしてあげるほうがよりよいこと、より思いやりのあることではないだろうか？」と。ダイアンは、正論を装ったそのような態度を認めません。彼女は、文化的な神話、そして、神学的な神話を語り直し、「神は自分をそのまま愛してくださる」という真実の光のもとで、障がいを捉え直すのです。

ダイアンの障がいは、神が善き愛の神であるかどうかという疑問を生じさせるものではありません。そうではなく、まさに神の現臨へと彼女を引きずり込み、彼女を特別な存在として選び出すものなのです。社会はしばしば、「特別 special」という言葉をネガティブな意味で用います（「特殊《スペシャル》ニーズ」とか「特殊《スペシャル》教育」というように）。しかし、ダイアンは、「特殊」という言葉を愛という枠組みの中に置きます。自分自身の特殊さ《スペシャルネス》を認めることが、神との友情への入り口になるのです。それは、自分たちが誰であるのかを忘れ、わたしたちを罠に陥れるこの世界において、ラディカルな政治的発言です。ダイアンは、神の光のもとで自分を柔和に描き出すことで、この世の政治学とは著しく対照的な政治学――第四章で見るように、来るべき神の国のまさに本質である政治学の姿――を啓《ひら》き示しています。

ダイアンとアンジェラの物語は、本書の鍵となっているいくつかの要素を結びつけています。障がいに対してわたしたちが抱いている、数々の文化的前提、そして神学的な前提の奇妙さを暴き出すということにおいて、この二つの物語は、これから始まるハワーワスとバニエの思索と深く響き合うところがあります。二人の著者はどちらも、ダイアンが光を当てたような文化的な不協和音を察知しており、また、二人の著者とも（異なる方法において）、障がいという奇妙な世界を新しい枠組みで捉えながら、その世界に足を踏み入れていく道を、わたしたちに見せてくれるのです。そうです、わたしたちがアンジェラとダイアン、スタンリー・ハワーワスとジャン・バニエの声に耳を傾けるとき、奇妙なのは障がいの世界ではなく、わたしたちが厚かましくも「正常」と呼んでいる、「外側」の世界のほうであることがはっきりしていくでしょう。障がいの世界とは、そこに神が住まうことをお選びになっている場所であることが明らかになるのです。

本書の成り立ち

本書に収録されているエッセイは、アバディーン大学の「スピリチュアリティ・健康・障がいセンター」(www.abdn.ac.uk/cshad) が主催したユニークな会合から生まれました。二〇〇六年、わたしたちはスコットランドにハワーワスとバニエを二日間招き、「障がいと神学」という大切な問題について議論と考察を重ねました。ハワーワスは、バニエの活動の重要性とラルシュ共同体の意義について何度も論文に書いていましたが、それまで二人は会ったことがありませんでした。おそらく、この会合の最も大切なことの一つは、この二人が、きっといつまでも続く友情という贈り物を互いに献げ合ったことでしょう。

ハワーワスとバニエは、公の席でも私的な席でも、二人の思索と喜び、そして、障がいという事柄への関心を分かち合い、また特に、「ラルシュは教会に対して何を言わなければならないか」ということをめぐって語り合う、すばらしい二日間を過ごしました。わたしたちはみな、教会が危機にあること、そして、ぬるま湯に浸かるのではなく忠実に従うことへ、神そして人々と疎遠に生きるのではなく友情をもって歩むことへ、という転換が必要であると感じていました。もしもほんとうに教会がこの世界に対する使命に生き、愛である神をほめたたえることを切望しているのであれば、そのことが必要なのだとはっきり言い表すことには決定的な意味があります。ハワーワスとバニエとの柔和な対話は、教会の現状がはらんでいる意味を少しずつときほぐしていくものでした。そして、わたしたちはそのことを、障がいが神の本質について、イエスの忠実な弟子となることについて、わたしたちすべてに向かっていったい何を語りうるのか、ということを通して、考えるようになっていったのです。

バニエとハワーワスの二人は、そのような神をほめたたえるには、最も弱くて小さな人たちこそ教会に不可欠である（Ⅰコリント一二・二二）という根本的な福音の原理をわたしたちが知っておかなければならないと強調します。けれども、第三章におけるバニエの言葉を引用するならば、「これまでわたしは、教会論に関する著作で、このことが真っ先に書かれているものを見たことがありません。誰がこのようなことをほんとうに信じるというのでしょう？」バニエとハワーワスは、「このようなこと」を信じています。本書は、わたしたちもまた、それを信じることができるようになるのを助ける試みなのです。

なぜラルシュなのか

パラダイム・シフトが起こるためには、実例——新しいパラダイムのモデルとなり、わたしたちの前提にゆさぶりをかけ、新しいパラダイムが実際に可能なのだという信念へわたしたちを引き込んでくれる人々やグループ——が、ぜひとも必要です。[5] ラルシュはまさに、その実例です。ジャン・バニエは、ラルシュ共同体を一九六四年に設立しましたが、そもそもは、重い知的障がいのある二人と生活することから始まりました。それ以来、ラルシュ共同体は、「〜のために行う」のではなく、「〜と共に生きる」ということを根本的な倫理とする、世界に広がったコミュニティによるネットワークになっていきました。そこでは、知的な障がいのある人たちが、そのような人生経験のない人たちと共に生活しています。彼らは、ケアする側とケアされる側としてではなく、ケアとニーズを分かち合う仲間として共に生活します。ラルシュ共同体は、カトリック教会の深い霊性と神学に支えられた「インクルーシブネス」［障がい者と健常者を分け隔てないという理念］のユニークな実例なのです。ラルシュは実に奇妙な場所です。それは、社会が、このようにするべきだ、と考えていることを拒絶するのです。

印（しるし）とサクラメントとしてのラルシュ　このように社会の基準との妥協を拒絶することによって、ハワーワスは、ラルシュのことを、わたしたちが贖い取られたことを示す標識として神がお与えになったコミュニティ——つまり、教会——の力強い実例と見るようになりました。ハワーワスは、ラルシュ共同体は、キリスト教の物語が真理であり、しかも、実際に生きることのできるものであるというリアリティに対する証人である、と理解するのです。ハワーワスにとって、「キリスト教は、証人なしには理解できない。つまり、証人たちとは、自分たちの実践をもって献身的に関わることで、全体を構築していく特殊な道に同意を示している人たちのことである」[6]。キリスト教とは、思想をはるかに超えたものです。彼は言います。「むしろキリスト教とは、実際に目にして信じられるようになる、身体を伴った信仰のことである[7]」。

教会はキリスト教が真実であることを示す使命を負っていますが、ラルシュもまた、福音が真理であるならそこから生まれるコミュニティがどのような姿であるかを見せることによって、キリスト教が真実であることを示してくれます。道徳の原則を学ぶのとは異なり、イエスに従うには心を入れ替えることが求められます。「わたしたちがキリスト教の信仰の真理を正しくとらえようとするならば、キリスト者の交わりの意味内容それ自体が変革されなければならない[8]」。ラルシュは、希望と新しい可能性を示す印ですが、すべてのことに勝って、福音の真理を示す標識です。ラルシュは、キリスト者が担う物語はファンタジーでも抽象的な原理原則の寄せ集めでもなく、それが現実であり、真実であり、そしてくっきりと啓示された物語であることを示す生きた証拠です。このようにラルシュを見るとき、「ラルシュは教会にとってどのような意味をもつのか」という問いに対して、障がいの神学には、「その専門家たちの関心事」にすぎないという考え方をはるかに超える意味があるかもしれないということに、気づいていくことでしょう。障がいの神学は、福音の中核なのです。

ありえない組み合わせ？

一見したところ、ジャン・バニエとスタンリー・ハワーワスは、ありえない組み合わせのように思えます。ハワーワス（『タイム』誌によって、二〇〇一年にアメリカ最高の神学者に選ばれました）は百戦錬磨の研究者であり、その研ぎ澄まされた知的なスキルを用いて知的障がい者を擁護するにはうってつけです。第四章で語られるように、彼は自分自身を、「ラルシュのための戦士になり、この柔和なコミュニティを破壊するおそれのある政治学と戦」う者と見なしています。あるレベルでは、ジャン・バニエとラルシュにある柔和さとは著しく対照的な場所にいるのです。ハワーワスは言います。「わたしが打ち倒すべき敵を目にしているところで、彼［バニエ］は、癒やされなければならない傷を見出しています。そこにはとても大きな違いがあります」。

しかしそれにもかかわらず、バニエも戦士であることにおいてひけをとりません。彼は、ラルシュが形成されるために、数多くの厳しい戦闘を戦ってきました。[9] 彼は柔和な人物ですが、後に見るように、彼にも暴力をふるう可能性があります。なぜなら、わたしたちすべてと同じように、彼もまた、自分自身の孤独という深い傷を負っているからです。しかし、わたしたちの多くとは異なって、彼は、敵もまた傷つき、神に愛されている人たちとして見ることができるようになりました。それは簡単なことでも自然なことでもありませんが、重い障がいのある人たちとの経験を通して確信や行動が形づくられていくにつれて、バニエは柔和さを学んでいったのです。

柔和さは、神の国にとってなくてはならない特質です（マタイ一一・二八―三〇）。しかしそれは、習得されていくスキルでもあります。そのための労苦が求められ、忍耐、ゆっくり歩むこと、時間をかけることが要求されます。[10] この労苦のために、わたしたちは「時間の友」となり、「行う必要のあることを行うための時間は、わたしたちに十分に与えられている」ことをわきまえている忍耐の人にならなければなりません。そのような「時間の友」は、スローダウンする忍耐を養うこと、そして、わたしたちのいのちは自分で造ったものではないことを知ることにつとめます。全世界を美しいものによって満たし、わたしたちすべてを創造された神（詩編一二一・一〇―一一）は、いつでも時間を見出すことがおできになります。わたしたちと共にいる時間、わたしたちと共に座る時間、そして、これこそわたしたちのものだと言えるような歴史の場所へわたしたちを動かすのに必要な時間を。

創造、そしてわたしたちのいのちという贈り物をよく知ることによって、わたしたちはそれまでとは違う生活をしていく自由が与えられています。わたしたちには、イエスの啓示と、ラルシュという希望に満ちた存在の光のもとで、ダイアンとアンジェラのように自分の物語を語り直す自由が与えられています。別の言い方をすれば、わたしたちは愛するために自由にされたのです。わたしたちは自由にされているのですから、聖なる口づけ（ローマ一六・一六）を交わすこと、つまりヨゼフ・ピーパー［一九〇四―一九九七、ドイツのカトリック思想家］が語るように、互いに愛の言葉を交わすことができるのです。「あなたがいてよかった。あなたがこの世界にいてよかった」、と。(11)この本に収められているエッセイは、こうしたことを始める出発点をわたしたちすべてに差し出してくれています。わたしたちは、変革をもたらす贈り物として、この本をみなさまの手にお渡しいたします。本書があなたのもとに多くの祝福を運んでくれるようにと祈りつつ。

1　わたしの友人であり同僚であるグラハム・モンティースの、アバディーンでの会合での主張は興味深いものだった。このエッセイもそこから生まれたものである。彼は、身体障がい者は知的障がい者と和解しなければならない、しばしば自分たちを知的障がい者から分け隔て、知的障がい者を傷つけるような態度から解放されなければならない、と訴えた。障がい者のコミュニティにもヒエラルキーがあり、そこではしばしば、知的障がい者たちが最下層に位置づけられてしまうことがある、というのである。

2　In John Swinton, *Raging with Compassion: Pastoral Responses to the Problem of Evil*, Grand Rapids: Eerdmans, 2007, p.191.［『共感しながら怒る――悪の問題に対する牧会的応答』］

3　John Swinton and Elaine Powrie, *Why Are We Here?: Meeting the Spiritual Needs of People with Learning Disabilities*, London: Mental Health Foundation, 2004.［『わたしたちがここにいるのはなぜ？――学習障がいのある人たちの霊的なニーズとの出会い』］とJohn Swinton, *A Space to Listen: Meeting the Spiritual Needs of People with Learning Disabilities*, London: Mental Health Foundation, 2002.［『耳を傾けるための空間――学習障がいのある人たちの霊的なニーズとの出会い』］を見よ。

4　Swinton and Powrie, *Why Are We Here?* p.16.

5　T. S. Kuhn, *The Structure of Scientific Revolutions*, Chicago: University of Chicago Press, 1996.［トーマス・クーン『科学革命の構造』、中山茂訳、みすず書房、一九七一年。なお、原著の初版は一九六二年］

6　Stanley Hauerwas, *Within the Grain of the Universe: The Church's Witness and Natural Theology*, London: SCM Press, 2001, p.214.［『全世界に蒔かれた種——教会の証言と自然神学』］

7　Stanley Hauerwas, "Seeing Peace: L'Arche as a Peace Movement," paper presented at the Templeton Foundation conference in Trosly, France, 2007.［「平和を見る——平和運動としてのラルシェ」］

8　Stanley Hauerwas, *The Hauerwas Reader*, ed. John Berkman and Michael Cartwright, Durham, N. C.: Duke University Press, 2001, p. 100.［『ハワーワス読本』］

9　バニエの人生とラルシュの歴史については以下が詳しい。Kathryn Spink, *The Miracle, the Message, the Story: Jean Vanier and L'Arche*, Mahwah, N.J.: Hidden-Spring, 2006.［『奇跡・メッセージ・物語——ジャン・バニエとラルシェ』］

10　「時間をかけること」(timefulness) の重要性の深い解釈については、Stanley Hauerwas, "Timeful Friends," in *Critical Reflections on Stanley Hauerwas' Theology of Disability*, ed. John Swinton, Binghamton, N.Y.: Haworth, 2004.［「ゆっくり時間をかけた友人たち」］。ジャン・バニエによる応答も収録されている。

11　In Gilbert Milaender, "Learning from Pieper: On Being Lutheran in This Time and Place," *Concordia Theological Quarterly* 63, no.1, 1999, 37-49.［「ピーパーから学ぶ——この時、この場所でルター派であるということ」］

⚜ 第1章 ラルシュのか弱さ、そして、神の友情

ジャン・バニエ

わたしは四二年間、障がいのある人たちと生活してきました。それは、いつもすばらしい時間でした。ラルシュにやってきた障がいのある人たちの多くが、自分が排除されていることに怒り、あるいは、絶望にふさぎ込んでいました――彼らは人と人とのあるべき関わりを求めて叫び続けていたのです。多くの人々が、障がいのある人たちと生活するためにわたしたちのコミュニティを訪れ、ここにいる人たちとの関わりによって変えられていきます。しかし、あるとき、英国教会の神学者であるデイビッド・フォードがわたしたちに言いました。「ラルシュであなたたちはすばらしい霊性を与えられています。しかし、よい神学を持たなければ、その霊性は衰えてしまうのではないでしょうか」。だから、スタンリー・ハワーワスと対話するこの機会を与えられてうれしく思います。

この対話がわたしとラルシュの多くの人たちの助けとなり、わたしたちの神学の基礎をしっかりとしたものにしてくれるだろうと確信しています。

ここでわたしは、何を知っていて、何を知らないかについてお話しすることから始めたいと思います。わたしは、ヨハネによる福音書第二章が大好きです。イエスが弟子たちを結婚披露宴に連れて来るときの物語です。それは、祝いとくつろぎのすばらしいひととき。わたしたちの人生とは喜び楽しまれるべきものであり、また、わたしたちすべてが祝宴に招かれていることを描いてくれています。みんなが一つとなった披露宴で、人々はたくさん飲み、笑い、楽しんでいます。それは連帯と友情を味わうひととき。そして、イエスもまた楽しむために、この披露宴においでになったのでしょう。イエスは、腕時計を見て（そんなものは持っていませんでしたが）、「みんながわたしを必要としているから、急いで行って奇跡を起こさなければ」とお語りになったとは思えません。そう、イエスはカナで楽しんでおられたのです。マリアは、ぶどう酒がなくなりそうになっているのを見て、その家族が恥をかくことになると思い、何とかしてほしいとイエスにお願いしました。ここにイエスの深い人間らしさがあります――ヨハネによる福音書においてイエスが最初にしたことは、水をぶどう酒に変えることで、花嫁の父が恥をかかないようになさることだったのです。

そのことがあってのち、第三章では別の出来事が起こります。これもまたわたしが大好きなところです。ユダヤ人の指導者であるニコデモが、イエスに会いに来て話しかけます。「わたしどもは、あなたがなさっておられるあれこれから、あなたがどのような方かを存じております。神から遣わされた方なのですね」。イエスは謎めいたようすでお答えになりました。「わたしたちはすべて新しく生まれねばならない」。さらに続けてこう言われます。「このことを学ぶのに、驚くことなどない。なぜなら、わたしたちは風の音を聞くことができる――きっと、その顔で風を感じることさえできるだろう――。それでも、それがどこから来て、どこへ行くかを知らない。霊がもたらす事柄もそれと同じなのだ」。みなさんも、ご自分がどこから来てどこへ行くのか、まったくおわかりにならないでしょう。ラルシュもまた同じです。自分たちがどこへ向かっているのか、まったく知らないでいるのです。

わたしの人生は、それまで十分に恵まれたものでしたから、自分がどこへ行くことになるのか、などということについてはまったく知りませんでした。自分がどこから来たのかということについてはわずかながら知ってはいましたが、いったいどこに行こうとしているのかということについてはまったく知らなかったのです。わたしがカナダにある家を離れたのは一九四二年、一三歳の時。イギリス海軍に加わりました。あのとき、父がなぜそれを許可してくれたのかは、神だけがご存知です。何も知らないまま入隊し、一九五〇年に海軍から除隊。どうしてあのときそのようにしようとしたのか、自分でもわかりません。ただ、福音によって突き動かされたことだけはわかっていました。トマ・フィリップ神父と出会ったのはちょうどその頃のことでした。神父は、生きる道を模索している若者たちのためのコミュニティをフランスに創設していました。トマ神父は神の人でした。しかしそれでも、自分がどこへ行くことになるのか、あいかわらずわたしには見当もつきませんでした。

何年かが過ぎ、起こるべく事が起きました。一九六三年、トマ神父は、障がいのある人たちのための小さな施設のチャプレンになりました。わたしはこの神父の近くにできるだけいたいと願っていたので、障がいのある人たちがひどい扱いを受けていることを知ることになりました。どうしてこの人たちを放っておけるでしょう？　それでも、いったいどうしたらよいのでしょう？　神はご存知でも、わたしにはわかりませんでした。わたしはソーシャルワーカーではありませんでした。哲学で博士号を取得して、アリストテレスについては多少知っていても、それ以上のことについて、わたしの知識はほんとうに限られたものでしかなかったのです！

やがて、トマ神父が住んでいた村に小さな家を手に入れることができました。そこで陰鬱な施設の中に閉じ込められていた、重い障がいのある二人の男性に出会いました。わたしたちは一緒に住むことにしました。わたしの考えは甘いものでした――それがラファエルとフィリップに多少なりともよいことだろうと思ったのです――。しかし、いろいろなことが起こりました。人々がわたしを助けに来てくれ、半年後には、トマ神父がチャプレンをしていた施設を引き継ぐよう依頼されることになりました。わたしたち三人は、はなはだ預言者的でちっぽけなコミュニティから、三〇人の障がいのある人たちがいる施設に引っ越すことになりました。どうやって施設を運営すればよいのかなどということは、まったくわからないままに。

それから五年後、インドへ行くように依頼されました。その年のうちに、バンガロールにおいて、ヒンドゥー教徒やイスラム教徒たちとのラルシュ共同体が始まりました。わたしは宗教間の協働などということについては何も知りませんでした。その後、イギリスでも一つのコミュニティが歩み始めました。それもまた、やはりエキュメニカルなものでした。しかし、わたしが知っていたのは、ローマ・カトリック教会がすべてでした。わたしにとってエキュメニカルであるとは、毎日司祭に来てもらってミサを執行すること、そして、そこで許可を得て、英国教会の信徒たち全員が、ローマ・カトリック教会のミサに加わることができるようにすること、という程度のことだったのです。

今日、ラルシュでわたしたちが直面している課題はまったく違います。行政は、寝室や浴室や廊下がどれくらいの面積でなければならないか注文をつけてきます。ラルシュが始まった地域の二八戸の小さな家屋のうち、一八戸を改装しなければなりませんでした。わたしのコミュニティでは、約六〇人の障がいのある者が九つのホームに住み、さらに他の六〇人が自分たちの家族と生活しながら、作業所に来て働いています。約一〇〇人のアシスタントがこのコミュニティにおり、その半数近くはボランティアです。しかし政府は近頃、ボランティアがラルシュに来るのを難しくするような法案を通しました。わたしたちは、国会議員たちと激しいやりとりをしなければならなくなったのです――もしもボランティアがいなくなれば、わたしたちのコミュニティは深刻な困難に陥るでしょうし、また、多くの若者たちが、障がいのあるメンバーとの友情から与えられる恩恵に浴することができなくなってしまうでしょう――。

結局は何とかなりましたが、それでも、ラルシュはか弱い存在です。二〇年後、ラルシュはまだここにあるでしょうか？　障がいのある人たちがいなくなることはないでしょう。それでも、このコミュニティで、障がいのある人たちの兄弟姉妹として――メンバー同士が人間同士としていっそう大きな自由に向かって成長していくことができるこの場所で――、共に生活することを望む人々が、これからもいるでしょうか？　ラルシュはまた、複雑で、しかもすばらしい現実です――それは変革が起こる場なのです――。人々がやってきては去っていきます――障がいのある人でさえも――。ここで結婚する者もいます。ラルシュの物語を振り返ってみると、どんなに多くの人たちが変えられていったのかがわかります。

思い出すのは、ジャニーヌという方のことです。彼女は四〇歳の頃ラルシュに来ましたが、半身不随でした。てんかんの発作があって、理解や学習が困難でした。彼女の心には非常に大きな怒りの感情がありました。ラルシュに来たくはなかったのです。姉たち、妹たちのもとにいることを望んでいましたが、彼女たちにはたくさんの子どもたちがいるのに、自分には子どもを産むことができないことをひどくねたんでいました。ラルシュに住むことは、彼女にとっていちばん望まないことでした。ジャニーヌは怒りを表に出さなければいられませんでした。だから、物をこわし、叫び、わめきました。わたしたちは、その怒りがどこから来ているかを理解しようと、多くの時間をかけて考えました。彼女は自分の身体に対して怒り、姉と妹に対して怒り、神に対して怒り、作業所で働きたくなかったゆえに怒りました。それでも、少しずつ、少しずつ、自分のことを理解するようになっていきました。そして、周囲の人たちは彼女に耳を傾け、彼女は理解され、愛されるようになっていったのです。

ジャニーヌは、今となっては誰も思い出せないような古いフランスのパリ風の歌が好きでした。彼女は、そのような歌を歌うのが好きなこと、しかも自分が歌いながら踊ることができること、そしてそれを見る人たちもまた喜んでくれることを発見していきました。そうしながら、ジャニーヌは、途方もないことを発見したのです。自分が神に愛されている、ということを。彼女は洗礼を受けたいと申し出ました。また、わたしたちには彼女が必要であること、わたしたちのために、そして、この破れた世界のために祈ってほしいとわたしたちが望んでいることを知っていきました。彼女の人生の最後の三年間はすばらしいものでした。わたしは時々彼女のところに行って、そばに腰かけました。ジャニーヌはわたしが疲れているのを見ると、わたしの頭に手を置いてこう言ったものです。「かわいそうなおじいちゃんね」。

いったいジャニーヌの変革が、いつ、どのようにして起こったのかは定かではありません。しかしともかく、そのことが起こったのです、それまでラルシュの多くの人たちに起こったのと同じように。変革とは、わたしたちを他者から隔てる壁、そして、いちばん深いところにいる自分自身から隔てる壁が消滅し始めていく、そのことと関わっています。わたしたち人間はみなか弱く、人と人との間に、孤独や神不在という土台の上に壁を築いていきます。それは、恐怖の上に立てられた壁です――その恐れが、絶望を抱かせ、あるいは、自分が特別であることを周りに知らせたくなる衝動になっていくのです――。

わたしたちのところにやって来る多くのアシスタントたちもまた、変えられていきます。ある若い女性がラルシュにやって来たのは、一七歳の時。彼女は、傷ついた雀のようでした。両親は離婚。学びたくないことを無理に教え込む学校にはうんざりしていました。ラルシュのことを聞いたのは、叔母からでした。彼女はここに来て、自分を愛し信頼してくれる障がいのある人たちによって癒やされていきました。そうして、自分自身を信頼し、愛するようになっていきました。そして、一〇人の重度の障がいのある人たちのホームの責任を負うようになったのです。五年後、彼女は成熟した女性として、わたしたちのもとを旅立ち、ストリート・チルドレンと労苦を共にするためにペルーに向かっていきました。

いったい何がこのような変革を可能にしたのでしょう？　イエスは、わたしたちは聖霊から生まれたけれども、その聖霊がどこから来てどこへ行くのか知らないと言われています――「知らない」、ということには理由があるのです――。変革は、「知らない」道を進んでいく大胆さをわたしたちに与えてくれます。また同時に、わたしたちが何ひとつ「知らない」ということもありえません。そこには、ある基準がなければならないのであり、そのことは今日、複雑な宗教間の対話に携わるときには特にそうです。たとえば、わたしたちは今、クウェートに新しいコミュニティを作りたいというグループから申し出を受けています。そのグループは、かつてシリアのラルシュ共同体でしばらく過ごしたことのあるイスラム教徒の女性がリーダーをつとめています。わたしたちの援助のもとで、このグループの人たちは三年をかけながら、クウェートでラルシュ共同体を始めるために必要な条件を検討してきました。ラルシュ共同体となるためには、「わたしたちは、他の宗教の人々を迎え入れるイスラム教徒の群れである」ことに同意しなければなりません。フランスにあるわたしのコミュニティが多くのイスラム教徒を迎え入れているように、このクウェートのグループもまた、宗教間対話を望み見るものでなければなりません。ラルシュにおいて、わたしたちはこれまで常に宗教間の協力に取り組んできましたし、今日なお、多くの新しい現実と向き合わされることになっています。

ラルシュがいったいこれからどのように歩みを進めていくのか、ということについては、いつでも不確かなところがあります。それでもわたしたちは、何年もかけて、神がわたしたちを守り続けてくださるという信仰を養い育てられてきました。キャサリン・スピンクがラルシュについて記した『奇跡・メッセージ・物語』という本を読むと、わたしたちがしばしば理解されず、時には拒絶さえされたことをあらためて知らされます。たとえば、バチカンの管轄者は、わたしたちがローマ・カトリックのみに純粋に属してはいないゆえに、働きを共にしようとしてくれませんでした。管轄者たちはわたしに尋ねました。「あなたはカトリックですか？」わたしは答えました。「このわたしはそうです。しかし、ラルシュのメンバー全員がそうではありません。カトリック、プロテスタント、ヒンドゥー教徒、イスラム教徒、障がい者、アシスタントたち――この人たちはすべてわたしたちの兄弟であり姉妹です」。管轄者は、その時点でやりとりを打ち切りました。もっとも、時とともに関係は修復されていきましたが。

そのように、これまでの歩みは必ずしも楽なものではありませんでした。それでもわたしたちは何とか歩み続けてきたのです。互いに聞き合うこと、祈りを共にすること、現状に耳を傾けること、そして神に聞くことは、決して欠かせないことです。これまでの歴史の中でわたしたちが今はじめて直面していることがあります。このコミュニティで奉仕し、生活するために訪れる人たちの多くが、なぜ自分がここに来たのか、そのことがほとんどわかっていません。多くの人たちが、キリスト教信仰をそれほど持っていないのです。そのように、ラルシュには多くの複雑さがあります。「善き」信仰者たちがいつも訪ねてくるわけではありません。「善き」信仰者とはいったい何を意味するのか、まったく知らない人たちが訪ねてきて、キリスト者になるとは、共感力において成熟していくことなのだと気づかされていくのです。

裂け目に注意を払う

ラルシュにおいて、わたしたちは自分たちの道を尋ね求めています。何とかそれを理解しようとするのです。すべてに答えが与えられるわけではありません。しかしそこで決定的に重要なことは、すべてはいったいどのようにして始まったのかということをめぐる物語を思い起こし、語ることです。そしてその物語は、不公正で、しかも痛みをともなう大きな裂け目から始まっています。この裂け目は、いわゆる「ふつう」の世界と、脇に押しやられ、施設に押し込められ、わたしたちの社会から排除された人たちとの間に横たわっています。この人たちは弱くて傷つきやすく、あるいは、生まれる前に殺されてしまうことさえあるからです。この裂け目こそ招きの場であり、わたしたちはまさにその場に立ちながら、どうか応答してほしいと呼びかけているのです。

わたしたちは、福音がもたらすヴィジョンに立ち帰らなければなりません。福音がもたらすヴィジョンについて思いめぐらすとき、わたしは、それがほんとうのことだろうかという思いになります。それは、わたしたち人間は一つになることができるという約束です。それは、一致と平和と受容というヴィジョンです。それは、人と人との間にあり、そして集団と集団の間にもある壁は崩れていくという約束であり、しかも、力づくでそのことが達成されるのではないという約束です。そのことは、心の変化を通して――変革を通して――起こります。それは、社会階層の底辺から始まります。イエスは、ティベリアスのような、イスラエルの豊かな街で多くの時を費やすことはなさいませんでした。イエスは、売春に身を染めている人々や「罪人」と呼ばれて神殿から排除された人たちと時を過ごしました。イエスは、関係を結んでいくことに時を費やされました。それがイエスのなさったことだったのです。イエスが抱いておられたヴィジョンは、世界中に散り散りになった神の子たちすべてを一つにすることでした。神は、恐怖と分裂という壁をおつくりになることはありません。イエスが抱いておられるヴィジョンは、共に対話し、共に出会うことによって、この分裂が癒やされていくということを、わたしたちに見させるものなのです。

「善きサマリア人のたとえ」において、イエスは、このサマリア人は何をすればよいのかを知っていた、とわたしたちに語ってくださいます。サマリア人は、傷ついていたユダヤ人を道の端から助け起こし、介抱しました。自分のろばに乗せ、宿屋に連れて行き、その夕を共に過ごしました。サマリア人とユダヤ人は語り合い、自分たちが人間として兄弟であることに気づきました。二人は出会い、時を共にしました。そして、二人に変革が起こりました。二人の偏見が消え失せたのです。

福音書全体を通して、社会のなかでうまくやっているけれどあまりにも忙しすぎる人々と、社会から除け者にされてあまりにも時間を持て余している人々との対照が見られます。婚宴のたとえ（マタイ二二章、ルカ一四章）では、短期計画にあまりにも心を奪われている人たち――娘を嫁がせたり、土地を買ったり――が出てきます。この人たちには、愛の祝宴に参加する時間がありません。そこで、王や家の主人は召使いたちに、大通りや小道に出かけて行って、除け者にされている人たち――貧しい人、障がいのある人、目の見えない人――を連れてくるように、と命じます。誰でも招き入れなさい、と言うのです。そして、この人たちは愛の祝宴に駆けつけてきます。

パウロは、コリントの信徒への手紙一第一章において、神は知恵ある者や力ある者に恥をかかせるために、弱い者や無学な者や愚かな者を選ばれた、と記しています。神は最も蔑《さげす》まれている人たち、まさに社会の底辺にある人たちをお選びになったのです。この教えを通してわたしたちの目の前に広がるのは、社会階層のピラミッドは、底辺から一つの体に向かって変えられていくというヴィジョンです。「それではイエスは強い者よりも弱い者を愛するということなのか」と尋ねる人もあるかもしれません。しかし、そうではありません。障がいのある人たちの神秘は、この人たちは権力よりも、あるべき関係、愛のある関係を心から願っている、というところにあります。この人たちは、ある集団の中で厚遇を受けながら賞賛され昇進していくことに心を奪われることはありません。最も大切なものを叫び求めているのです。つまり、愛を求めて。そして、神はその叫びを聞き入れてくださいます。「あなたに愛を与えよう」と叫ばれる神の声に、この人たちは何らかのしかたで応答しているからです。

以上が、わたしが施設に最初に入ったときの経験でした。障がいのある人たちの叫びはとても単純なもの、「わたしを愛してくれる？」というものでした。それが、この人たちの求めていることだったのです。そしてそれは、わたしの奥底にある何かを目覚めさせてくれました。なぜならそれはまた、わたしの奥底にある叫びでもあったからです。わたしは成功を収めることもできたでしょう。海軍での働きぶりはすばらしいものでした。哲学の博士号も持っていました。出世の階段を登っていけたでしょう。けれども、自分がほんとうに愛されているかどうかがわからなかったのです。もしも病気になったら、そばにいてくれる人がいるだろうか？　自分には称賛されたいという欲求があることは承知していました。受け入れられて称賛されたいという欲求があることはわかっていたのです。しかし心の奥底では、誰かがわたしを、その業績のゆえにではなく人間として、ほんとうに愛し、心にかけてくれているのか、わからなかったのです。

両親のもとから離れたのは一三歳の時でした。両親から愛されていたことは知っていました。しかし、家族と共にいるように召されているとは決して思えませんでした。障がいのある人たちを訪ねて、関わりを求める原始的なまでに素朴な叫びを聴くとき、わたしのなかで何かが目覚めました。イエスが、愛を切望する人たちと共にいてくつろいでおられることがはっきりしたのです。この人たちが、わたしが愛という知恵に成長するのを助けてくれることがわかってきました。わたしがイエスとの関わりのなかで成長していくのを助けようとしてくれていたのでした。わたしが正気でないと人に思われるかどうかなど、どうでもよいことでした。

多くの問いに直面したのは、インドでコミュニティを始めたときのことです。宗教間対話、つまり共に生きていくことは、決して簡単ではありません。わたしたちは自分たちが行く道を尋ね求めることとなったのです。小さな礼拝堂を設けることができ、その真ん中に小さな十字架を置きました。すると、モハンラジが、ガネーシャの大きな絵を持ってやって来ました。ガネーシャとは、象の形をしたヒンドゥー教の神です。わたしたちキリスト者は、象よりは鳩のほうに慣れています。しかし象は強くて、障害となるものや立ちはだかるものを取っ払ってしまうことができます。いったい、モハンラジを、そして彼が持ってきたガネーシャの絵をどのようにしたらよかったのでしょうか？　モハンラジは、いつもこの絵の前で祈っていたのです。けれども、ある種のキリスト者たちが訪ねてきたら言いそうなことならすべて、わたしたちはとっくに知っていました。それでも、どうすればよいかわからなかったのです。ふさわしいバランスを見つけるためには時間が必要でした。やがて、モハンラジの家族がモハンラジを連れ帰っていきました。そうして、ガネーシャ神の絵を預かることもなくなったのです。

知的障がい者について、わたしも理解していないことがたくさんあり、どのようにしたら一人びとりとうまくコミュニケートができるのか、わからないでいます。しかし、少しずつ、何年もかけて、彼らから学び、また彼らについて多くのことを学んでいきました――何よりも、これらの人たちは神に対して開かれた心を持っているのです――。そして神に近くありたいという彼らの憧れを、人格のとても深いレベルに感じられます。それがフランスのわたしのコミュニティに限られたものかどうかはわかりませんが、障がいのある人たちが「キリスト」とか「主」について話しているのを聞いたことがありません。彼らはもっぱら素朴に、「イエスさま」について話すのです。わたしたちはまた、イエスの母マリアについても語ります。そしてわたしはいつも、コミュニティの中でイエスやマリアの名が親しみをもって口にされることに心動かされます。障がいのある人たちは、そこに聖なるものがあることに気がついているのです。

これまでの四二年間に、多くの死を体験し、多くの時間を葬儀に費やしてきました。それは、わたしたちのコミュニティにとってたいへん根本的なことなのです。葬儀をするとは、集まってその人について語るということです。たとえば、最近亡くなったジャニーヌです。わたしたちは集まり、いかに彼女がすばらしかったか、どれほど多くのことを与えてくれたかを語り合いました。彼女の姉と妹もやって来て、一緒に泣いたり笑ったりしました。わたしたちが泣いたのは、彼女が旅立ってしまったからであり、それでも彼女はほんとうにたくさんすばらしいことをしてくれたので、わたしたちは笑ったのです。

アシスタントのフランソワが亡くなったときには、こんなことがありました。歩行器で歩くジャン・ルイと脳性麻痺のフィリップが、フランソワの遺体が横たえられた場所にやって来ました。二人はジャクリーンに聞きました。「フランソワに挨拶してもいい？」彼女は答えました。「どうぞ」。二人は近づき、フランソワを見つめました。そして、こう言いました。「キスしてもいい？」彼女は答えました。「もちろんよ」。二人は丁寧に腰を屈めました。「うわっ、冷たい！」一人が叫びました。ぎこちなく歩いて出て行くとき、一人がもう一人に言いました。「死んでる人にキスしたって知ったら、ママはとても驚くだろうね」。

わたしたちが、自分にもまたハンディキャップがあることに心が開かれ、それを受け入れ始めるのは、死を受容するときです。死んだ人にキスをし、手で触れることは、自分の死を受け入れることに大きく関わっているのです。だから、死を記念することはとても大切です。ジャン・ルイとフィリップは、死を受け入れるということをわたしに教えてくれたのです。

また同時に、このような人たちの素朴さ、そして神への近さは、聖なる食卓で聖体にあずかることをイデオロギーにしてはならないことを、わたしたちに教えてくれるものでもあります。時々親たちから、「うちの子を聖体にあずからせたい」と聞かされます。けれども、その子はそのように思っているでしょうか？　それが大切です。わたしたちは、聖体拝領をすることは義務であるとするイデオロギーに決して縛られることなく、その子どもの願いを受け入れるべきなのです。わたしたちのコミュニティでは、聖体拝領とは、単に聖別されたパンをいただくということではありません。それは、障がいのある人たちの心の奥底にある、聖なるものとの交わりへの憧れを満たすことです。かれらは、聖人、すなわち他者との交わりに生きる人となるようにと召されているのです。

聖なるものを見ることを学ぶ

わたしたちのコミュニティには聖人が数多くいます。しかし、人生の意味は聖人となり、祈る人となることにあるという確信を共有できない方たちには、それを見ることは必ずしも簡単なことではありません。わたしがコミュニティから出かけていくときはいつでもパスカルがやって来て、「あなたのことを祈っていますね」と、身振りによって語りかけてくれます。わたしは彼の祈りを信じています。障がいのある人たちに、助けを求めることができると信じているのです。

わたしと一緒に何年も前にラルシュを始めたジャクリーヌは、今、パーキンソン病を患っています。コミュニティでは支えることができなかったので、彼女はある老人ホームにいます。わたしはできる限り彼女に会いに行きます。しかし、彼女をほんとうに元気づけるのは、わたしがこのように話すときです。「あなたの人生を、わたしたちのための祈りとして献げてほしいのです」と。わたしたちが弱くなり、貧しくなっていくとき、そこでまさに課題となってくるのは、貧しい者たちの叫びは、まさしく神への叫びであることを信じることです。神は、貧しい者の叫びを聞いてくださるのです。

教会はほんとうに、障がいのある人たちの聖さを信じているでしょうか？　教会は貧しい人々のために善行をしなければならないと信じている人々ならいます。しかし、彼らの聖さを信じているでしょうか？　わたしが困惑するのは、「あなたはよい仕事をなさっていますね」と言われるときです。わたしは「よい仕事」などということには関心はありません。わたしの関心は、教会に基づいたコミュニティのためのヴィジョン、そして、福音に立ったコミュニティの中で、障がいのある人たちと一緒に生活していくことにあります。わたしたちはみな兄弟であり姉妹であり、イエスは、ピラミッドのような階層社会ではなく一つの体となるようにと、わたしたちを招いておられるのです。

ラルシュの基本にある聖句は、ルカによる福音書第一四章一二―一四節です。イエスはこう言われます。「食事の会を催すときには、親族も、家族も、兄弟も、姉妹も、近所の金持ちも、友人も招いてはならない。互いにほめそやすためにいつも一緒にいるような人々を招いてはならない」。これは、パーティを催すとき、誰もが普通にすることです。似た者同士を招くのです。一人が言います。「あなたはすばらしい」。もう一人が言います。「いえいえ、あなたこそすばらしい。この前はおいしいワインをいただきましたから、今度はわたしがおいしいワインをごちそうしましょう」。これが友情についてのアリストテレス的見解――同等の者たちの間で共有されるもの――です。しかし、イエスは言われます。「そうではない。宴会を――ほんとうにすばらしい食事の会を――催すときには貧しい人、足の不自由な人、体の不自由な人、目の見えない人を招きなさい。排除されている人たちを招きなさい。そうすればあなたは祝福されるでしょう」。お返しは、神の国の通貨によっていただけるのです。もしも、排除されている人の友人になるならば、あなたは一致のために働いているのです。人々を一つにしているのです。あなたがしているのは、神の働きなのです。

アリストテレスは、誰かと友人になるためには、一袋分の塩を一緒に食べるほどになるまで食事を共にしなければならない、と言いました。食事と愛は密接に結びついています。わたしたちの人間としての最初の食事は、母親の胸でしょう。そこで愛を受け、安心し、栄養に満たされたのです。わたしが今まで読んだなかでも最悪な本の一つは、食事のときのふるまい方を障がいのある人にどのように教えればよいのかを解説したマニュアル本でした。すべての頁が、どうやったら行儀よく食べられるかということに費やされていました。それを読んだとき、わたしはつぶやきました。「これじゃあみんな便秘か下痢になってしまう！」。

食事とは、笑うことのできる場所のはずです。もしも誰かが噴き出した食べ物の塊が、あなたの顔に飛んできたとしても！　それも楽しみの一つなのです。わたしはここで、よい食事のマナーを教えてはならないと言いたいのではありません。それはそれで大切でしょう。しかし、食事を教育の場にするなんて、とんでもないことです。もしも、食事の場で緊張するならば、便秘か下痢になってしまうかもしれません。「あなたの食卓に彼らを招きなさい」とイエスが語られるとき、人々を友情において一つにすることを願っておられるのです。それは必ずしも心地よいことではないことも――人々は、罪人や売春婦と共に食事をしているとイエスを非難しましたから――、イエスは知っておられました。イエスはこの人たちの友となったのでした。

コミュニティに属することにある秘義

ラルシュの基本にあるもう一つの聖句は、コリントの信徒への手紙一第一二章です。この箇所は、わたしには依然として謎めいています。それは、キリストの体である教会についてのもので、パウロは、最も弱くて見劣りのする体の部分こそが、体にとって最も必要であり、称賛されなければならないと語ります。社会において最も弱くて見劣りのする体の部分とは、わたしたちが施設に隔離するか、排除しようとしている人たちであることがしばしばです。今日、積極的に取り組むことのできる仕事を通して、学習障がい者が社会復帰することを目指す動きがありますが、それでもなお働くことができない人たち、たとえば精神的疾患が原因でさまざまな行動をする人たち、反社会的な人たち、そして、受け入れられ社会復帰するすべを知らない人たちが数多くいることを忘れてはなりません。

現在、自立し、一人で生活し、一人でテレビを見て、一人でビールを飲むことができる障がい者が理想とされることがあります。自立にはある程度よいところがあるかもしれませんが、わたしたちのコミュニティでは、一人で生活しようとした人たちのうちかなりの数の人が孤独とアルコール依存症に陥りました。問題は、一人で生活したこと自体にではなく、友人たちとのつながりがなかったことでした。だから、いつも立ち帰らなければならないのは、どこに所属しているのか、ということなのです。わたしたちがいっそう深く気がつかなければならないのは、教会とは思いやりに満ち、養いを受ける場所、迎え入れられ、友情が結ばれる場所である、ということです。コミュニケーションに問題を抱えている人に耳を傾け、理解するためには時間がかかります。障がいのある人の友になるには、時間がかかるのです。

ラルシュを始める前、わたしはいくぶん生真面目な人間でした。祈り、哲学し、教えました。障がいのある人との生活を始めたとき、わたしはおどけることを、そして生活を謳歌することを学びました。コミュニティを作るにあたって不可欠な活動が三つあります。第一に、同じ食卓で共に食べることです。第二に、共に祈ることです。そして第三に、共に祝うことです。わたしに言わせるならば、「祝う」とは、笑って、おどけ、楽しみ、共にいのちに感謝することです。腹の底から一緒に笑うとき、わたしたちはみな同じです。わたしたちはみな腹の底から笑うのです。わたしたちの中には、ほんとうにどうかしていると思うくらいの愉快なメンバーもいます。彼らは、どうかしているからおもしろいのであり、また、おもしろいからどうかしているのです。彼らと共にいるのは、すばらしいことです。

ラルシュでは、あらゆる機会をとらえてお祝いをします。誕生日を祝います。クリスマスを祝います。誰かが長い間ラルシュにいることに気づいたときは、盛大に祝います。ラルシュに一〇年、二〇年、三〇年いることを祝うのです。わたしたちはほんとうに多くの時をお祝いに費やします。そして祝うとき、贈り物をするだけではありません。お互いに告げ合うのです。「あなたこそ贈り物です。あなたこそ、このコミュニティへの贈り物なのです」。食卓を囲むとき、わたしたちは、祈りと食事と祝いの関係をこの目で見ます。食卓は、わたしたちの契約の場所なのです。わたしたちは、そこで互いに結びつけられます。

わたしのコミュニティには、ラルシュに二五年以上いるアシスタントが約六〇人います。結婚している者も、結婚していない者もいます。ここには多くの子どもたちもいます。わたしたちはお互いのためにここにいることを知っています。そしてまた、何年にもわたってここに出入りする多くのボランティアたちがいます。彼らもまたすばらしいのです。わたしたちは互いに心を開き合いあいます。一緒に笑います。わたしたちのコミュニティでは、障がいのある人たち同士にもすばらしい関係があります。彼らもまた、互いが互いに助け合っています。

これらはすべて、時間のかかることでした。ありとあらゆる怒りを抱えていたジャニーヌが穏やかになるまでには、何年もかかりました。わたしたちの人生はか弱いものです。ヨハネ・パウロ二世は、死の一年前に記した文書で、こう述べています。

疑いようもないのは、人間の抱える根本的なもろさが顕《あらわ》になっているために、障がい者が、その痛みと悲劇の体現者となっていることである。快楽主義を是認し、はかない見掛けの美しさに魅せられるわたしたちのこの世界では、障がい者が抱えている問題はしばしば恥辱、あるいは怒りを引き出す挑発として感知され、それらの問題は可能な限り速やかに排除、あるいは解消されるべき重荷と認識される。しかし、障がい者は、十字架につけられた御子の生ける象徴である。彼らは、わたしたちのために自らを虚しくして死に至るまで従順であられた方の神秘的美しさを帯びている。それに加えて、彼らは、人間存在の究極の基礎はイエス・キリストであることをわたしたちに示してくれているのである。そこで正当に言い得ることは、障がい者たちは、人間に与えられた特権的な証人であることである。彼らは、わたしたちを救う愛について、あらゆる人たちに教えることができる。彼らは、新しい世界の到来を告げる使者となることができる。それは、もはや権力や暴力や敵意によってではなく、愛と連帯と受容によって支配される新しい世界――キリストの光、神の子の光、わたしたちのために受肉し、十字架につけられ、起き上がらされた方の光によって、変貌させられた新しい世界――である(1)。

わたしたちのコミュニティにおいても状況が悪くなっていくこともありますから、訪問者がこのように言うこともあるでしょう。「ああ、いったいこの場所にどんな平和があるというのですか？」。しかし、誰もが多少なりとも微笑んでいます。この場所のどこかに、たしかに、平和があるのです。しかし、それはとてもか弱いものです。それが贈られて来るものであるからです。平和はことごとく、わたしたちの努力によってもたらされるわけではありません。わたしたちは時間をかけながら、共に生きる生活という贈り物そのものに平和があることを見て、感じ取ることができるように学んでいきます。そしてその道筋で、わたしたちはいつの間にか変えられていくのです。

テゼ共同体のブラザーたちは、最近バングラデシュにおいて、障がいのある人たちが家族や友人たちを連れてやって来て共に参加する「巡礼の集い」を企画しました。それぞれまったく異なる宗教的背景をもつ参加者が集まって来ました。のちに、その一人がこのように記しました。

このたびの、障がい者のために宗教を超えて集った「信頼の巡礼」の日々は、連帯の機会であり、数えきれないほどの発見の機会であり、そして、心の深いところの変革の機会でした。祈り、そして、障がい者の人生に神がおられることへの祝いによって、互いに交わる日々が希望の祝宴になったのです。わたしたちがどんどん発見していったことは、弱さがあり、役に立たないように思える外見によって社会から排除されている障がい者たちにこそ、実際に神がおられるということでした。わたしたちが彼らを迎え入れるなら、彼らはわたしたちを少しずつ導き出してくれるのです。この競争の世界、大きなことをしなければならないという欲求の世界から抜け出し、心の交わりの世界へ、そして、愛をもって小さなことを行う素朴で喜びに満ちた世界へ、と。今日、この国は問題を抱えています。だからこそ、弱くて傷つきやすいわたしたちの兄弟と姉妹に奉仕することは、平和と一致の道を開いていくことである、ということを明らかにしていかなければならないと思います。多様性に満ちた宗教と文化を生きている互いが互いを迎え入れ、貧しい人たちに共に仕えながら、平和な将来の道備えをしていくのです。

わたしが強い影響を受けたのは、エティ・ヒレスムでした。一九四三年、アウシュビッツで殺害された女性です。あるとき、一万人のユダヤ人と共に強制連行されるのを待っていた彼女は、このように神に語りかけました。「わたしには一つのことがだんだんはっきりしてきました。それは、あなたにはわたしたちを助けることがおできにならないこと、そして、わたしたちは、あなたがわたしたちを助けることがおできになるように、あなたをお助けしなければならないということです。……わたしたちは、あなたをお助けし、わたしたちの中にあなたがお住みになられる場所を、最後まで守り通さなければなりません(2)」。神がこの世界に現臨できるように、わたしたちが心を開いて神をお迎えしていなかったら、いったいどのようにして神がこの世界においでになることができるでしょう？　それは、ヨハネの黙示録の言葉とどこか似ています。主は言われます。「わたしは戸口に立って、たたいている。だれかわたしの声を聞いて戸を開ける者があれば、わたしは中に入ってその者と共に食事をし、彼もまた、わたしと共に食事をするであろう」（黙示録三・二〇）。わたしたちは、イエスが戸をたたく音を聞き、戸を開けて、わたしたちの友としてイエスを招き入れなければなりません。イエスの友になるとは、排除されている人たちの友になるということです。排除されている人たちの友になることを学んでいくにつれ、わたしたちは神との友情という驚くべき関係へと足を踏み入れていくのです。

1　ヨハネ・パウロ二世「精神障がい者の尊厳と権利についての国際シンポジウムにおけるヨハネ・パウロ二世の声明」(二〇〇四年一月)、バチカン。〈www.vatican.va/holy_father/john_paul_ii/speeches/2004/january/documents/hf_jp-ii_spe_20040108_handicap-mentale_en.html〉

2　Etty Hillesum, *An Interrupted Life*, New York: Henry Holt, 1996, p.178.［エティ・ヒレスム『エロスと神と収容所——エティの日記』、大社淑子訳、朝日新聞社、一九八六年、二六三—二六四頁。］

第2章　奇妙な場所に神を見出す
――なぜラルシュに教会が必要なのか

スタンリー・ハワーワス

ラルシュが、教会に対して告げるものをもっているとすれば、それはいったい何なのでしょう？ラルシュのことを知り、奇跡を目の当たりにしている神学者として、わたしはこの問いから始めたいと思います。この問いへの応答として、わたしが思い浮かべる情景は、インディアナ州のサウスベンドに住んでいたときのものです。わたしは「ブロードウェイ・クリスチャン・パリッシュ」という合同メソジスト教会の礼拝に出席していました。そこはかつて、スチュードベーカー兄弟自動車会社で働いていた人々が住んでいた地域です。スチュードベーカー社の生産工場が閉鎖されて以来、その地域は衰退していきました。そこはいわゆる「要注意地域」――つまり銀行が融資しようとしない地域――となったのです。教会員の数も約四〇人にまで減り、カリフォルニアから戻ってきた牧師がその教会に派遣されてきました。メソジストの任命制によって、最もさびれた教会に配属されたというわけです。

ジョンはすばらしい牧師でした。そして彼はゆっくりと、教会が聖餐を祝う回数を増やすことの意義を認識するようにさせてくれました。想像できるでしょうか、九年かけてのことですが、わたしたちはついに、毎日曜日の聖餐へと移行したのです。それはレーガン政権の時代で、当時サウスベンドの町の二五パーセントの人々が失業していました。そこでわたしたちは、神がわたしたちを養ってくださることの意味を理解する一環として、近隣の人々に食事を提供することにしました。毎週日曜日、礼拝が終わった後に近隣の人々と食事の時を持ったのです。教会を五つのチームに分け、「チャールズ・ウェスレー」や「ジョン・ウェスレー」といった身の程知らずの名前をつけました。そのときまでに、わたしたちの人数は八〇人から九〇人に達していました。メンバーの中には、たいそう歳を重ねたキャンプ夫人と、その息子のゲイリーの二人がいました。いったいどこが悪いのかはわかりませんでしたが、ゲイリーは精神障がい者でした。彼は高機能自閉症でしたが、二人はわたしたちにとってとても大切な存在でした。

ゲイリーは耳が不自由だったので、礼拝では会衆席の最前列にキャンプ夫人と一緒に座りました。聖餐が祝われるときになると、キャンプ夫人が立ち上がり「恵みの座」まで行くのを、ゲイリーがゆっくりと支えました。十歩行くのに二、三分かかり、教会中が固唾を飲んで、ゲイリーとキャンプ夫人が無事にやり遂げるのを待ちます。彼らが聖餐にあずかったら、わたしたちはみなその後に続きます。しかし、わたしたちはゲイリーとキャンプ夫人に導かれていました。もし彼らがいなかったならば、あのとき、聖餐をするべきかを教会員は迷っていたかもしれません。わたしたちはみな神によって集められているということを、よくわかっていなかったのです。

「スローダウンしましょう。とにかくスローダウンです」。これが、今日の教会に対してラルシュが告げなければならないことである、とわたしは思います。もしもわたしたちがこの世界において信仰の民になっていかなければならないとしたら、ラルシュはそのために決定的に重要な「忍耐」を体現しています。ラルシュ憲章はこのように謳っています。「ラルシュは知的障がいのあるすべての人を迎えることはできないと理解している。ラルシュは、解決ではなく一つの印になろうとしている。真に人間らしい社会は、最も弱く、虐げられている人々を迎え入れることにその基礎を置かなければならない。そのための印なのである」。ラルシュは、自分たちが解決であると装ってはいないことに注目してください。ラルシュは希望の印です。そして希望とは、言うまでもなく、時間に輪郭が与えられていく道のことなのです。

ゲイリーはまた、聖書の朗読もしました。いつも長い時間がかかりました。しかし、パウロ流に言うなら、話すのに遅い人を待つことを学ぶということは、この世とは違う時間の過ごし方を世に証しするということです。わたしたちはスローダウンすることによって、この世は慌ただしい活動によって救われるのではないということを、その生活をもって語りつつ生きるのです。時間がすでにイエスによって贖われているとするならば、最も弱いメンバーに耳を傾けるために時間をかけることで、主の救いを待つことができるようになるのです。

何年か前のこと、冷戦が核兵器による破局をもたらすのではないかということに多くの人々が関心を持っていたときに、わたしは、「平和」とは人類が生き延びていくことであるという前提に反対する記事を書きました。このようなしかたで平和について論じる人たちは、同時に、核兵器廃絶を確かなものとするために、生活すべてを注ぎ込まなければならないと考えているようでした。「わたしたちには他のことをしている時間はない」と言うのです。そこでわたしは、「平和のために時間をかける——平凡さにある倫理的意義」と題した論考を書き、次のように主張しました。

平和には時間がかかる。もっとより強く言うならば、平和が時間を創造する。秩序の名のもとで他者を従属させることを断固拒否することによってそうするのである。平和とは静的な状態ではなく、絶え間ない注意と配慮を要する活動である。活動は、まさにその本質からして、時間をかけて行われる。事実、活動が時間を創造するのである。わたしたちがどこかへたどり着くまでにかかった時間、あるいは、あれこれの仕事を達成するまでにかかった時間は、まずこれをして、次にこれをして、その次には、といった活動に着目することによってのみ明らかになることからも、そのことがわかる。そのように、平和とは、わたしたちにはコントロールできないとされているような「出来事」によって決定されるものではなく、時間をわたしたちのものにしていく、そのプロセスのことなのである(1)。

そうして、もしも平和とはどのようなものであるかを知りたいのなら、マダガスカルのキツネザルを絶滅から救おうとしている人類学者の仕事を知っておく必要がある、と主張したのです。その人類学者は、ノース・カロライナ州にキツネザルの居留地をつくっていました。彼がキツネザルを救うことができるのは、大学が時間を与えているからであることを、わたしたちは認めなければなりません。したがって、大学とは、平和への手段ではなく、平和が体現している一つの形なのです──大学が平和であるのは、それが、共有できる善を見出すためにわたしたちが味わわざるをえない葛藤を非暴力的に探究しているからです──。しかし、大学は学生なくしては大学たりえません。そのことは、子どもたち（子どもはやがて学生になっていきます）に手厚く接していこうとする親の意思こそが、わたしたちの平和の形式にとって最も決定的なものの一つであることを認めなければならないことを意味します。

「平和のために時間をかける」を書いたとき、わたしはまだ、ジャン・バニエという名前さえ聞いたことがなかったように思います。しかし、ラルシュのことを学ぶやいなや、平和とはまさにどのようなものであるべきなのかを知ったように思いました。もしも、平和の政治学とは時間の政治学である、とすることについてわたしが正しいならば、ラルシュがまさにそうなのです。なぜなら、ラルシュの中心にあるのは忍耐であり、それはまさに平和のもう一つの名であるからです[2]。それがいかなるレベルであれ、ラルシュに参加するには、スローダウンする心構えがなければなりません。ラルシュのコア・メンバーたちとの食事に二時間をかけることは、「問題なし」とはいきませんし、さらに長い時間かけて入浴させるのは、簡単に「処理済み」とはできません。ラルシュは、この重要な仕事をする人たちが、時間とはゼロサムゲーム［奪い合い］ではないことを学ぶように求めています。行う必要のあることを行うための時間は、わたしたちに十分に与えられているのです。

時間のなかにある場所

時間のなかでの忍耐は、わたしたちがラルシュから最初に学ばなければならないことです。しかし、ラルシュはまた、場所の重要性についてもわたしたちに教えてくれます。ジャン・バニエは言います。ラルシュで過ごしているコア・メンバーが知ることの一つは、ジャンのようなアシスタントがここを立ち去っていくことはないということだ、と。「わたしはあなたを置き去りにしていくことはありません。この場所にわたしが毎日毎日いることを信頼していてくださいね」と告げるのは、なんと希有なことでしょう。もしもわたしたちが、「もっとよいもの」という口実によって互いを捨てることのないキリスト者であろうとするなら、いつも同じ場所にいることが不可欠である、わたしにはそのように思えるのです。ラルシュのアシスタントたちはしょっちゅう出たり戻ったりすることはできません。コア・メンバーたちは、毎日決まって繰り返されることを望んでいます。そして、そのような繰り返しが親しい関係をつくり、またその親しい関係によって繰り返しがつくられていきます。親しい関係が、その場所を「一つの」場所にするのです。

しかし、場所と日々の繰り返しは、そこにあるすばらしさを祝うことがないならば、退屈に陥ってしまいかねません。だから、ラルシュにとって、一人びとりの人生のすばらしさを認めつつ、一人びとりの誕生日を祝うことがとても大切なのです。場所と日々の繰り返しは、一人びとりの美しさを認めることによって変革され、そのことが信頼を可能にし、その結果、ラルシュの存在が可能になります。だから、ラルシュ共同体では、メンバーたちが長期間とどまることができるように支援していく仕組みと、そのためのプロセスには関連があるのです。そのプロセスにおいて、もっと平和でもっと正義に満ちた世界が現実のものとなっていくからです。ラルシュ、そしてラルシュのようなコミュニティがなければ、信頼とはどのようなものであるかを、わたしたちが知ることはできないでしょう。ラルシュは、いつも同じ場所にいることを習慣化するという身体性がどれほど重要であるかを、わたしたちに気づかせてくれます。身体は、わたしたちが他者と関わる場所に自分を位置づける上で、実に重要なものとなるのです。

ヴォルフ・ヴォルフェンスベルガーが、最初に「ノーマライゼーションの原則」、つまり、いわゆる「障がい者」は障がいがあるということだけで異なる扱いを受けてはならない、という原則を発表したとき、わたしは心配になりました。というのは、わたしはテキサス人で、テキサス人は「ノーマル［ふつう］」になどなりたくないと思っているからです。しかし、ヴォルフェンスベルガーは、大切なことは自分の洗面台を持つことだ、と言おうとしているだけなのだと気がつきました。自分の歯ブラシを持っているのは大切です。ヴォルフェンスベルガーが言おうとしたことは、ただ、スペースをどのようにかたちづくるかが決定的に重要であるということだったのです。わたしたちがこの身体を通して互いを思いやるためにスペースがどれほど助けとなるか、そのことをラルシュからたくさん学ぶことができるでしょう。ラルシュが時間とスペースをかたちづくっているしかたが重要なのは、わたしたちは「スピード」と「没場所性」という世界で生活しているからです。この「スピード」は、あるフランスの現象学者が示唆しているように、わたしたちが生活している社会秩序のまさに中心にあるものです。「スピード」と「没場所性」が非常に重要なものとされているのは、テクノロジーとテクノロジーによってもたらされたモビリティ——まさに、それこそが必要であるとされているのです——に信頼する現代の潮流によるものです。

かつてわたしがノートルダム大学にいた頃、ひどい吹雪に見舞われたことがあります。サウスベンドの街は湖の風下にあって、雪がたくさん降ります——風がミシガン湖の上を吹き渡るたびに、湿気をサウスベンドに落としていくのです——。冬に雪が降ることには慣れていました。しかし、このときは特別で、半日で一メートル近くも積もりました。街中文字通り閉じ込められました。わたしたちには、なすすべはありませんでした。さて、ノートルダム大学が設立された当初、そこには、ほとんどお金のない移民のカトリックの人々が住んでいました。そこで学生たちは、アルバイトの大部分はキャンパス内でしていました。学生の暮らし向きがよくなり、何も仕事をしようとしなくなるにつれて、大学は次第にさまざまなことを委託業者に頼むようになっていたのです。けれども、この一メートルの雪はとても湿っていて重かったので、作業員の機械では除雪できませんでした。そこで、学生たちに寮から出てきてもらい、歩道の雪かきをするよう頼んだらよい、とアイデアを出した人がいました。そこで、学生たちに放送で呼びかけました。「学生会館に来て、歩道の雪かきを手伝ってください」。ただ、学生たちのシャベルが必要なことを忘れていました。あたりを探しましたが、ノートルダムのキャンパス全体から雪かき用のシャベルは五本しか見つけられませんでした。あまりにも長い間除雪機を使うことに慣れてしまい、昔のやり方に戻ることができなかったのです。

わたしは、こう思ったことをおぼえています。「科学技術が共同体に取って代わるとき、危機において共同体をあてにすることはもはやできない」。この考えは、いかにスピードが科学技術を産み出し、また同時に、共同体のいのちを損なうことになるかを語るイメージであるようにわたしには思えます。同じことは、現在の医療においても見られます。医療の仕事とは、もはや患者をケアすることではなく治療《キュア》することにあります。ケアが治療に化すとき、治療不能のときに、わたしたちが患者とどのように関わればよいかわからなくなってしまいます。回復する見込みのない病を抱えた人たちをどうしたらよいのでしょう？　スピードが支配するとは、そういうことなのです。

スピードはまた、政治にも――特に戦争にも――関わっています。ポール・ヴィリリオによれば、現代において、暴力は主として「スピード」という形態を身にまとい、現代の戦争はマス・コミュニケーションのメカニズムによってかたちづくられている、つまり、戦争は領土のことであるよりも情報管理に関わるものになっている、と彼は言うのです。その結果、わたしたちの新しい知覚は暴力の論理によってもたらされます――「スピード」は、誰もが自分は戦争というマシンの一部であると「自然に」思わせるようにさせるのです――。地域のスペースや時間は消失し、それは単一の、グローバルでヴァーチャルな「リアルタイム」に取って代わられます。このことを、ヴィリリオは次のように語ります。これこそが、「安全神話の教理の基礎にあるものである。それは、時間と空間が『スピード』をもって最大限に満たされている状態であり、また、日常生活を作戦の最後の舞台とすると共に、戦略的予測の最終場面とするものである(3)」と。

すべての病を治療しようとすることと同じく、世界は安全になりうるのだと自分に言い聞かせるために、わたしたちは戦争を利用するのです。そうして、戦争は平和への道だとされるのですが、明らかに戦争はさらなる戦争を産むものとなっていきます。わたしたちは民主主義らしき社会で生活をしているのですが、それがスピードを上げることによって、テクノロジーが不可欠なものとなり、その結果、ほかの誰も必要としない者になることを助長しているのです。わたしには、民主主義が、互いに頼ることを必要のない人々を創出したがっているように思えるのです。

わたしが好きなのは、スコットランドにある島、マル島です。その島が美しいからでもありますが、マル島の道路がまた好きなのです。道路はすべて一車線で、約四五〇メートルごとに少し広い路肩が設けられています。この道を走るには、常に交渉ごとが必要です。やってくる車を見たら、どちらが先に車を脇に止めるかを判断しなければなりません。マル島をドライブするには、絶えざる協力的信頼が要求されるのです。そのことが、コミュニティ全体に違いをもたらしているのでしょう。マル島にしばらく滞在しさえすれば、島の誰もが顔見知りであることがあなたにもわかるでしょう。島の住人には、互いの長所や短所に対する感覚があるのです。それこそがまさに、わたしたちが今日の生活から取り除こうとしてしまっていること――協同的関係とでもいうべきもの――なのです。

腐敗したヒューマニズム

ラルシュが表している時間とスペースについての理解は、現代におけるスピードと没場所性に対する挑戦ですが、それは今日、わたしたち教会が直面している問題の一側面を理解させてくれるものです。わたしたちキリスト者は、キリスト教化されたとかつては思っていた社会の中で力と地位を失い、今やほとんどの場合、人類の歴史の「進歩的」勢力の対極に立たされるはめになりました。それに対応しようとして、多くのキリスト者たちは、スピードと没場所性によってつくり出されたヒューマニズムらしきものと自分を同一化しようとしています。そうして教会は、始終言い続けているのです。「もちろんそうです、わたしたちもそのことに賛成です！　もちろんそうです、わたしたちもこうしたことの発展はすばらしいことだと思っています」と。遺伝子情報についてもっと知見を得て、病気になる前に手を打とう、ということに、いったい誰が抵抗できるでしょうか？　教会にとって、「ほら、わたしたちも歴史の進歩を支持する側に立っています」と言うことは、心を深くとらえる誘惑です。

もちろん、もしもあなたが、ラルシュは知的な障がいのあるすべての人を迎えることはできないことを承知しているし、解決ではなく一つの印になろうとしている、と言ったとしても、スピードと没場所性に基づいている世界においては、決して福音として聞こえはしません。そして、このような問いが出てきます。「なるほど。ということは、あなたは癌を治療しようとすることに反対なのですか？」　結局、わたしたちが思い描く「進歩」とは、わたしたちを殺そうと脅かすもの、もしくは少なくともスローダウンさせようとするものを排除することなのです。しかし、患者を排除することなしに癌を治療することはできても、患者を排除することなしに知的障がい者を「治療する」ことはできません。ラルシュは、「進歩」とは、わたしたちを脅かすものすべてを排除することを意味してはならないことを思い起こさせるものとして存在しているのです。結局、癌を治せたとしても、何か他の病気で死ぬのです。ラルシュはあえて死と向かい合い、そうすることによって、「進歩」という言葉の意味内容をまさに変革しているのです。

現代は、ある種奇妙な矛盾にわたしたちを陥れています。たとえば、アメリカ合衆国では、国民総生産の一五〜一七パーセントが救命医療に費やされています。しかしそれはもちろん、国民の健康とは何の関係もないものです。もしもわたしたちが国民の健康に関心を持つならば、最も集中すべき事柄は、窓の採光や、下水道、そして、よりよい栄養などでしょう。救命医療がわたしたちを生かし続けることはできません。それによって、さらに半年か一年生き延びることはできるかもしれませんが、決して国民の健康を増進させるものではないでしょう。しかし、アメリカは国民総生産の一六パーセントを救命医療に費やし、その六〇パーセントを最後の一年を生きる人々に投入しているのです。「それができるならば、しなければならない」ということが、医療の絶対的前提として命じられているのは興味深いことです。母親を愛していることを示す方法は、可能な治療はすべて受けられることを保証してあげることかもしれませんが、それは結局のところ、別のかたちの拷問であるかもしれません。

このことは、もしも知的な障がいがあると診断されたならば、子どもをつくってはならない――つまり、中絶が適切な処置である――という前提にも関わってきます。そのような前提は、「共感」ということでわたしたちが理解しているところに基づいているのでしょう。それは、正気を失ったヒューマニズムです。「人間性《ヒューマニティ》」という言葉をわたしたちが口にするとき、いったいそれをどのような意味で使っているのかによく注意をしておかなければなりません。キリスト者にとってのヒューマニズムとは、父なる神が、子なるキリストを、わたしたち人間の一人として派遣したということによって決定されるのです。それゆえ、ヒューマニズムはいつでも、イエスの人間性《ヒューマニティ》から始めなければなりません。もしもそうでなければ、このスピードと没場所性に覆われた世界では、「共感」とは、ある種の人々は死んだほうがよいと告げるための方便になってしまうのです。

わたしが「知的障がい者協会」(Association of Retarded Citizens) で活動していた頃、インディアナ州サウスベンドのカーディナル養護施設に通い、デイルームで過ごす五〇人の人たちに会いました。そこにいる人たちの服は乱れ、自分の排泄物の上に座ったままでいることもよくありました。そこは、残念なことですけれど、訪問者に「この人たちはいっそ死んだほうがましだろう」と思わせかねない場所でした。もしも、その同じ人たちを連れ出して、世話をしてくれる職員のいる老人ホームに移したなら、訪問者は一緒に食事をしたいと思うことでしょう。共感は、それ以外にはないように思わせる環境においては、正気を失ったものになっていきかねないのです。もしも教会が、「ヒューマニズム」と「共感」という名のもとで、スピードと没場所性の世界と自分たちを同一化していくなら、ラルシュについても、進歩に対する反動的な生活様式と見なさずにはいられない世界に生きることになるのではないかと、わたしには思えるのです。しかし、それはつまり、スピードと没場所性の世界からわたしたちが抜け出そうとしているならば、ラルシュこそが、教会が目を向けるべき預言者的印《しるし》だということなのです。

同様に、教会は、ある種の普遍主義を強調したくなる思いに誘われてしまうところがあります。しかし、そのことは、「公同的」(catholic)であるということと、「人類共通の人間性《ヒューマニティ》」の一部となることの意味とを混同させているのです。「グローバル」という言葉が使われるようになる以前、わたしたちキリスト者には「公同的」という別の言葉がありました。この言葉は、現実の人が、他の現実の人々と、司教の職務(office)を通して結び合わされることを意味しています。わたしたちが共有しているのは、理念ではなく物語なのです。そしてまた、わたしが相手の物語に耳を傾けない限り、わたしの物語をうまく語ることはできません。司教の職務は、それぞれの地域にある諸教会が、他の諸教会の物語から孤立することはない、と保証してあげることにあります。わたしたちにはそれぞれの特殊性があるゆえに、誤解することもあるでしょうし、常に試され続けなければなりません。そのためには、時間がかかります。しかしそれが、キリスト者が示している公同性なのです。それは、スピードと没場所性に体現された高度なヒューマニズムによって示される普遍主義とはまったく違うものです。

ささやかな提案

この上もなく深い不義に覆われたこの世界においても、わたしたちが互いを思いやりあうために必要な時間は充分に与えられている。ラルシュは、教会の中心にあるそのリアリティを思い起こさせてくれます。今まさにこのときも、飢餓のために死に瀕している人々がいますが、それでもあなたは座って読書をしています（わたしもきっと座り続け、次の文章を書くことになるでしょう）。わたしたちがこのような時間を過ごしているのは、貧しい人たちを無視することを選択したからではなく、貧しい人たちを養うために、直接的な方法と間接的な方法とがあると信じるからです。そして、そのことをはっきりさせるために、自分の時間を用いることは大切なのです。ラルシュとは、解決のないこの世界において、キリスト者たちが希望そのものとなるように、神が学ばせてくださる場所である、わたしはそのように信じています。テキサスで言われるように、それは「体でおぼえていくこと」なのです。

わたしは、しばしば次のように語ってきました。キリスト者は、非暴力へと召されているが、それは、非暴力が世界から戦争をなくすための戦略であるとわたしたちが信じているからではない――たしかに、わたしたちは世界から戦争をなくしたいと願っていますが――。そうではなくて、戦争状態にある世界のなかで、キリストに誠実に従う弟子として、わたしたちには非暴力以外の何ものも想像できないからなのだ。もちろん、わたしたちは戦争を望みはしません。しかし、非暴力は、戦争以外の選択肢があるという希望の印です。そして、その新たな選択肢が「教会」と呼ばれるのです。

わたしは、自分の研究室のドアにメノナイト中央委員会（Mennonite Central Committee）のポスターを貼っています。そこでは、苦悩に満ちた二人が抱き合っています。その写真の下に、次のスローガンが記されています。「平和のためのささやかな一つの提案・世界のキリスト者たちがお互いを殺し合わぬよう、決心させよう」。しかし、「不愉快です」、と文句を言うためにドアをノックする人がひっきりなしにやって来ます。「ほんとうに？　なぜ？」、わたしが問うと、彼らは言います。

「だって、キリスト者だったら、自分たちだけでなくて、世界の誰をも殺してはならないでしょう」。そこで、わたしはこう言います。『ささやかな一つの提案』と書いてあるでしょう。どこかから手をつけなければ、ね」。

ラルシュとは、ささやかな一つの提案です。まず、手をつけるのです。そして、もしも非暴力についてのわたしの説明が正しいならば、おそらくそれは、よりいっそう世界を暴力的にするかもしれないことを、わたしたちは心に刻んでおかなければなりません。つまり、この世は、「秩序」と呼ばれる虚偽が平和によってかき乱されることを望まないのです。だから、キリスト者の非暴力への関わりは、とてつもない摩擦を引き起こすものになるでしょう。ラルシュはその柔和さによって、まだそれほど敵をつくってはいません。しかし、それがどこまで続くかは興味深いところです。ラルシュがどのような敵を招く可能性があるかについては、これから明らかになっていくことでしょう。

治療不可能な人たちを治療しようとまでするこの世界において、キリスト者は、イエスがお教えになったように、愛されるべき人たちといること以外の何ものをも拒否すべきです——わたしたちはただその人たちといるだけで「助けている」のです——。鉱山労働者たちは、鉱山に入るときにはカナリアを連れていきました。なぜなら、カナリアは、人間よりも先にメタンガスによって死んでしまうからです。メタンガスには匂いがないので、カナリアがぐったりしたときにはじめて、外に出なければならないことが労働者たちにわかります。ラルシュは教会のカナリアかもしれません。ラルシュを観察することによって、わたしたちがヨハネ・パウロ二世の言う「死の文化」に直面したとき、それとわかるのです。このことから、ラルシュは、誠実であることをわたしたちに強いてくると思います。もしもわたしたちが、「あの人たちはわたしたちだ！」と言わなければならないとするならば、実際にそのように言うことで、わたしたちは誠実であることを自分に強いているのです。神の前で誠実でありたいと願うことなど、そうそうできるものではありません。それを避けることができないと気づかされるのは、ふつう、その必要性に迫られたときでしかないからです。

以上が、ラルシュが教会に向かって言わねばならないとわたしが考えていることです。ラルシュは、ある種の時間と、ある種の忍耐と、ある種の定められた場所が必要であると、申し出てくれているのです。そして、それらは神の前での誠実さに由来し、公同性についての別様の理解をもたらしてくれるものです。そのようにして、ラルシュは、教会が福音を見出すのを助けてくれています。

しかし、ラルシュもまた教会を必要としています。ラルシュの憲章は、次のように宣言しています。「各コミュニティは、自分たちの宗教の権威とのつながりをもち、コミュニティのメンバーは、その地域の教会ならびにその他の礼拝の場に属する」。ラルシュは教会ではありません。しかし、何が行うに値することであるのかということについて、あまりにも少ない実例しかないこの世界において、たいへんに説得力があり、行うに値することをわたしたちに指し示してくれているゆえに、ラルシュには圧倒的な存在感があります。ラルシュにはいのちがあまりにもみなぎっているので、そこにいない他のキリスト者たちと共に神を礼拝する必要をメンバーが感じないようになるほどなのです。

ラルシュは、初期の修道院生活に似ているところがあります。ラルシュには、たいへん強力な修道院的な基礎があります。もちろん、修道院は常に教会の改革の源でもあります。同時に、修道院が教会から信用されないのは、教会を改革しようとする人たちが満ちているからなのです。それはまさに、ラルシュのような賜物がもたらす緊張でもあります。

わたしは、ヨハネ・パウロ二世をたいへん高く評価していますが、一つ嫌いな言葉がありました。それは、「家庭は小さな教会である」というものです。わたしは思いました。「何と恐ろしいことだろう。わたしたちが家庭を維持できる唯一の理由があるとすれば、それは家庭が教会ではないということなのに」。家庭とは、それが、わたしたちの教会に対する忠誠よりもさらに決定的な忠誠をつくり出すという点において、教会に対する脅威なのです。同様に、ラルシュはまさに、それがあまりにも重要になりうるというまさにその点において、いっそう広がりのある教会を必要としているのではないか、とわたしは考えています。

ラルシュには、いっそう広がりのある教会が必要です。なぜなら、メンバーたちがラルシュから離れ、どこか別の場所で、時間をかけて、また、求められている面倒を引き受けながら、神への礼拝を献げる必要があるからです。それはラルシュで生活している人たちのためだけではなく、教会のためでもあります。ラルシュが存在できるようにさせているキリスト者たちによる、他の生活様式との結びつきを、ラルシュは維持していかなければなりません。ラルシュという団体（body）は、世界中にある他のコミュニティとの相互連関性を通して、いっそう大きなキリストの体（body）に属していなければならないのです。

1　この記事は、わたしの著作 *Christian Existence Today: Essays on Church, World, and Living In Between*, Durham, N.C.: Labyrinth, 1988, pp.253-66 にある。本書は、二〇〇一年より Brazos より出版されている。

2　忍耐はジョン・ハワード・ヨーダーの平和理解の中心にある。彼の "'Patience' as a Method in Moral Reasoning: Is an Ethic of Discipleship 'Absolute'?" in *The Wisdom of the Cross: Essays in Honor of John Howard Yoder*, ed. Stanley Hauerwas, Chris Huebner, Harry Huebner and Mark Thiessen Nation, Grand Rapids: Eerdmans,1999, pp.24-42 を見よ。

3　Paul Virilio, *Popular Defense and Ecological Struggles*, New York: Semiotext (e), 1990, p.92.〔『民衆防衛とエコロジー闘争』、河村一郎・澤里岳史訳、月曜社、二〇〇七年、八九頁参照〕と *Identity*, Scottsdale, Penn.: Herald, 2006, pp.119-20.

⚜ 第3章　イエスのヴィジョン——傷ついた世界において平和に生きる

ジャン・バニエ

わたしがこの数年関心を抱いているのは、戦争と平和のことです。力ある者を力のない者から隔てる壁が、わたしを悩ませています。わたしたちは戦争が起こり、多くの人たちが殺されかねない危機の時代に生きているのです。だから、わたしは問います。「この傷ついた世界のなかで、ラルシュ共同体が果たすべき役割は何だろうか?」この問いは、障がい者の叫びについて考えずにはいられないようにさせます。わたしは「施設」をつくろうとしたことはありませんでした。その思いは今も変わりませんし、ラルシュが決して単なる施設になってしまうことのないように望んでいます。わたしがしようとしていたことは、わずかな人たちと生活することで、どこに解放があり、自由とは何を意味するのかを発見する手助けをすることでした。彼らと共に生きることにある喜びを知っていただく助けとなりたかったのです。障がいのある人たちと生活する過程で、彼らの叫びに耳を傾けることをわたしは学んできました。その叫びに込められていることをすべて引き受け、地域の行政と協力しながら働きたいと思ったのです。

福音書において、わたしたちはラザロと金持ちの物語に向き合わされます［ルカ一六・一九―三一］。このラザロと金持ちのたとえ話をすると、それを聞く相手に居心地の悪い思いをさせることにもなります。何年か前のこと、ラルシュのコミュニティがある国、［アフリカの］ブルキナファソの貧しい人や路上生活者たちに話をする喜ばしい経験をしました。貧しい人たちが集会をしている手狭な格納庫に招かれたのですが、わたしは一人つぶやきました。「神よ、この人たちに、いったい何を話すことができるのでしょう？」　すると、ラザロについて話さなければならないことが、だんだんはっきりしました。そこにいた大部分の人たちはイスラム教徒でキリスト者の数は多くはなく、その他の人たちはアフリカのさまざまな宗教の人でした。ラザロはアブラハムのすぐそばに連れて行かれた、ということならば、イスラム教徒にもわかります。そこでわたしは、このように語りました。「みなさん、あなたたちがラザロです！」　そこにいた人たちはとてもうれしそうでした。興奮し、拍手が巻き起こったのです。しかし、わたしがこのたとえ話をパリの裕福な地域で話しても、そんなに興奮することはないのです！　そこで、問いがもたらされます。いったいわたしたちは、どちらの側に立っているのでしょう？

　思い出すのは、チリで空港からの道を走っていたときのことです。運転手が言いました。「この右側はみな金持ちの家で、左側はスラムだよ。だから、この道を横断する人は誰もいないんだ」。わたしたちは、途方もなく傷ついた世界に住んでいます。わたしは、善人と悪人がいるということ、そしてそこに道徳的な判決を下すことができるというような印象を与えようとしているのではありません。スラム街にもとてもすばらしい男性たち女性たち――ドラッグ文化と戦っている母親や父親たち――がいることを、わたしたちみなが知っています。同様に、道の反対側の裕福な地域にもとてもすばらしい人たちがいます。善人対悪人、という単純なことではありません。その道は壁のようでした。わたしたち一人びとりの内側にも、また壁があるのです。

恐れという壁

　人間を隔てているこのような壁について、少しお話ししていこうと思います。創世記第三章にある短い言葉から始めることにしましょう。ちょうどアダムが神に背いたところです。いつもそうであるように、わたしたちが神に背くとき、しばらくすると神が後を追って来られます。神は言われます。「アダムよ、あなたはどこにいるのか?」アダムは答えます。「恐ろしくなりました。わたしは裸ですから。そこで、隠れていました」。

ここに三つの言葉が出てきます。「恐れ」「裸」、そして「隠れること」です。わたしたちは何を恐れているのでしょう? 最近のこと、わたしのコミュニティで会合が開かれ、恐れについて語り合いました。一人びとりが、何らかのしかたで持っている根本的な恐れについて話をするように求められました。いったいどんなことが出てきたと思いますか? さまざまな言葉が出てきました。「拒絶」「放棄」「成功できないこと」「挫折」「堕落」「死」。さまざまな恐れがありますが、これらすべてに共通しているのは、引きずり下ろされること、あるいは、まるで無価値であり、まるで存在しないかのようにみなされることに対する恐れであることです。わたしたちの内奥にある恐れを意識できるようになると、今度は引きずり下ろされることから身を守ろうとする衝動もはっきりしてきます。なぜわたしたちが、ほめてもらえるような名声を得ることや、価値ある存在とみなされるような地位を得ることに取りつかれてしまいかねないのかが、わかるようになります。

わたしの友人に、クリーブランドにある刑務所のチャプレンがいます。ある服役囚が彼を訪ねてきたそうです。「説教するのは好きかい?」

「うん、好きだよ」、友人は答えました。「説教することは楽しいよ」。

「説教はうまいのかい？」」、囚人は尋ねます。

「きっとそうだと思うよ」、友人は答えました。

「なるほど」、囚人は続けました。「だったら俺はクリーブランド一の自動車泥棒だ。それをするのが、大好きだしな！」　この囚人もまた、自分なりの「衝動」がわかっていたのです。彼は一番でした。そのこと――一番になること――こそ、わたしたちみんなが探し求めていることではないでしょうか？　わたしたちの恐れとは何であるかを知り、わたしたちの衝動をはっきりと認識することもまた重要なのです。

障がい者を恐れる人たちを、障がいのある人たちから隔てる壁は、いたるところに存在しています。そのような人たちが出会うこともありません。売春の世界で仕事をしている人たちへの働きかけをしている友人が、わたしに言ったことがあります。「あの人たちの話を恐れずに聞こうとしたら、君は変えられてしまうだろうね」。また、別の人ですが、オーストラリアにあるラルシュにいながら、売春の世界にいる人たちへの働きかけをしている人がいました。彼女は、かなり長期にわたって、ある特定の男性と歩みを共にしていました。ある日、彼女がシドニーの公園を通り抜けようとしたとき、その彼が、薬物濫用のために死にかけているのを見つけました。彼女がそばにひざまずくと、彼は言ったそうです。「あなたはいつもぼくを変えたがっていたね。ぼくをこのまま受け入れてくれたことはなかった」。わたしたちには、障がいのある人たちをそのまま受け入れることができるでしょうか？

人を変えたいと思っているとき、わたしたちは権力を握っています。わたしたちが親切であり、善良であっても、人のために善いことをしようとするとき、そこに溝をつくっているのです。イエスが描いておられたヴィジョンは桁外れのものでした。イエスは巨大な憎悪と紛争に満ちたこの地に登場されました。平和とは、ローマの軍隊によって押し付けられたもの――いわゆる偉大なる「ローマの平和」(Pax Romana)――でした。しかし、いたるところに衝突があったのです。わたしたちは、それぞれの集団が戸を閉ざし、自分たちと自分たちの伝統が一番だと考えている世界に生きています。集団は集団に敵対し、いわゆる「真理」を相手に押しつけ、あるいは、領土を広げようとしています。それが歴史の現実です。イエスがこの世界に入って来られたのは、人々をそのままで愛するためでした。

イエスのヴィジョンの核心は、人々を呼び集めながら、出会わせ、対話させ、互いに愛するようにすることです。イエスは、人と人、集団と集団を隔てる壁を打ち破りたいのです。それではいったい、どのようなしかたでそれをなさろうというのでしょうか？ イエスはそれを、「あなたは大切な人です。あなたはかけがえのない存在です」とわたしたち一人びとりに語りかけることによって行おうとしておられます。平和構築であれ、ソーシャルワークであれ、そのほかわたしたちの世界をよりよくしようとするどのようなことであっても、他者は大切な存在である、という確信なしに存在しえないのです。「あなたは大切な人です」。「あなた」――単なる「人々」ではなく――、そう、ただあなたこそが。そしてわたしたちには、単に歴史を受け入れるだけではなく、歴史をつくっていく使命があります。わたしたちは状況を変えるために――歴史の流れを変え、わたしたちの世界を単なる紛争と競争の場所ではなく愛の場所にしていくために――招かれているのです。

弱さが導く神への道

ラルシュで生活していて学んだことがあります。それは、もしも障がいのある人たちに向かって、「あなたの人生には意味があるのです」と語りかけるなら、その人たちにとって、それが啓示（a revelation）の言葉になる、ということです。わたしたちはただ専門家として、彼らに善いことをしようとしているのではありません。それも大事なことですが、それだけではありません。彼らに価値があることを明かそう（reveal）としているのです。彼らには、わたしたちの社会に対して物申したいことがあります。ある神秘的なしかたで、彼らはわたしに、そしてわたしたちすべてに、変わってほしいと呼びかけ続けています。以前、シリアのアレッポで、イスラム教徒が中心のコミュニティで話をしたことがあります。そこには、その後シリアでイスラム教の偉大な指導者となった法学者がいました。わたしが話し終えたとき、彼は立ち上がってこのように言いました。「わたしの理解が正しければ、障がいのある人たちはわたしたちを神へと導いてくれるのですね」。

わたしたちは弱さを見せることを恐れます。成功できないことを恐れます。心の奥底で、人の気に留められないことを恐れています。それゆえわたしたちは、自分が一番であるふりをします。権力の背後に隠れます。あらゆる物事の背後に隠れます。しかしながら、障がいのある人たちと出会い、わたしたちの目と耳と言葉を通して、あなたは大切な人なのだと明かすとき、この人たちは変えられます。しかしまた、わたしたちも変えられていきます。神へと導かれるのです。

ルワンダの大虐殺の直後、その場所にある「信仰と光共同体」〔知的障がいのある人とその家族が定期的に集まり、支え合うネットワーク。一九七一年にバニエたちによって創設された。現在世界約八〇か国に約一五〇〇のコミュニティが存在する〕から来た人たちと会いました。ルワンダの各地の村からやって来たこの人たちと共に、ブタレの町にあるカテドラルで、ささやかながらもすばらしいリトリートの時を持ちました。短期間ながらも心動かされるすばらしい時間のなか、重い障がいのある子どもの母親たちが、聖餐を祝うとき大勢進み出てきて、自分の子どもを神への献げものとして抱き上げました。

そののち、母親たちと集会を持ちました。わたしは尋ねました。『信仰と光』は、何をみなさんにもたらしましたか？」 すると、母親たちは言いました。「恥ずかしいと思わなくてよくなりました」。中命記第二八章を読むと、ユダヤ教の見方によれば、障がいと病は罪の結果であるという考えがその中心にあることがわかります。障がいのある息子がいるとは、自分自身の、そして、自分の家族の中のどこかで、神に、真理に、そして愛に背いていることを示しているというのです。このような見方は、驚くほどに根強いものです。だからヨハネによる福音書第九章において、弟子たちが生まれついての盲人を見たとき、イエスに向かって即座に質問しました。「本人が罪を犯したからでしょうか、それとも、両親が罪を犯したからでしょうか？」 イエスはお答えになります。「本人が罪を犯したからでも、両親が罪を犯したからでもない。神の業がこの人に現れるためである」。

わたしがこれまで訪問した国の中には、子どもの障がいは母親の落ち度のせいだと考えて夫が妻を捨てるため、母親の苦悩がより深くされているような国があります。地域によっては、障がいのある人たちを世話するのは、悪いめぐり合わせに加担することだと言われるようなところもあります。障がい者は苦しむままにさせておけばよい、というのです。障がいのある人には、ある種の神秘があります。わたしたちの世界において、彼らにはいったいどのような意味があるのでしょうか？　呪いなのでしょうか、それとも、祝福でしょうか？

フランソワーズがわたしたちのコミュニティにやって来たのは、三〇年近く前のことです。彼女はほんの少ししか歩けませんし、自分で食事もできませんでした。重い学習障がいも抱えていました。今は七五歳ぐらいになり、ますます年老いて弱っています。目も見えなくなった彼女は、複数の重い障がいのある一〇人のメンバーと小さなホームで暮らしています。フランソワーズは、ほんとうにすてきな人です。わたしが感心したのは、アシスタントたちが彼女の体を洗い、食事を用意する様子です。しかし彼女には、彼らが食事を用意している様子も、食べさせてくれる様子も見ることができません。だから、わたしはふと自分に問うのです。「ベッドを離れることもできず、時々泣き叫ぶこともあるこの七五歳の女性の背後にあるのは、どのような神秘なのだろう」。アシスタントたちは言います。「彼女はわたしたちのママで、かわいらしいおばあちゃんなんです」。アシスタントたちはフランソワーズを、優しさと柔和さをもって愛しているのです。深刻な障がいのある人たちにあるこの神秘の意味とは何なのでしょうか？

わたしは、パリで生活しているある男性を知っています。彼の妻はアルツハイマー病にかかっています。彼は有能なビジネスマンでした——仕事一辺倒の生活を送っていたのです——。しかし、妻が病気になったとき、こう言いました。「妻を施設に入れることはとてもできませんでした。だから、わたしが面倒を見ています。わたしが妻に食べさせ、入浴させています」。わたしは二人を訪ねるためにパリに行きました。すると、それまでずっと忙しい生活を送っていたこのビジネスマンは言いました。「わたしはすっかり変わりましたよ。ずっと人間らしくなったんです」。最近、彼から手紙をもらいました。真夜中に妻に起こされたというのです。ほんの一瞬ですが、霧が晴れたように彼女ははっきりしていて、こう言ったそうです。「あなた、あなたがわたしにしてくれていることすべてに、『ありがとう』って言いたいの」。そしてまた、霧の中へ戻っていったのでした。彼は言います。「大泣きしました」。

こうしたことは、正気を失ったことのように聞こえます。しかし、まったく正気を失っていることのように聞こえるとき、もしかしたら、わたしたちはより深みへと踏み出していくことが必要なのかもしれません。そこに神秘があり、もしかしたらそのことによって、わたしたちはあの問いに戻ることになるかもしれません。いったい神とはどのような方であり、いったい神はどこにおられるのか、という問いに。それは、ショアー［ナチスによるユダヤ人大虐殺］において問われた大きな問いでした。そのとき、ユダヤ人たちは問わなければならなくなったのです。「神はどこにおられるのか？」、と。苦悩に満ちたあらゆる場で、いったい神はどこにおられるのでしょう？　わたしたちは、マフィアと腐敗と売春と隷属に満ち、とり散らかったこの世界を見たいとは思いません。そこにあるのは、恐ろしい苦悩の世界であり、わたしたちがこの上ない恐れを感じる世界であることは明らかです。わたしたちは、ラザロと金持ちの物語を理解し始めます。金持ちはラザロと出会おうとはしません。なぜなら、そんなことをしたら、彼が変わらなければならなくなるでしょう。それは、売春をしている人たちと共に働いているあの人のようなものです。彼は言います。「あの人たちの話を聞いてしまった今は、ぼくはこれまで通りというわけにはいかないんだ」。

わたしたちは自分では何もできない

恐ろしい苦悩の物語を聞き、それに対して何もできないことを知るとき、わたしたちは自分の弱さに触れています。苦悩の叫びを耳にしても、わたしたちは何をしたらよいのかわかりません。わたしたちの世界にある深刻な破れに対して、何をしたらよいのか誰もわからないのです。きっとそのような気づきが、わたしたちが共同体《コミュニティ》へと戻ることを可能にするのでしょう。わたしたちは自分では何もできません。どこかに共にいる場が必要なのです。

最近、思いがけず、マーティン・ルーサー・キングのとても力ある言葉に出会いました。キング牧師はこのようなことを述べました。「誰かを見下すこと――しかも徹底的に見下すこと――なしに生きるのは、人にとってなんと難しいことか。そうしないと憎しみを向ける対象を不当に奪われたような気になるだけでなく、自分の嫌なところを見つめざるをえなくなる」。わたしたちがみな、光と闇とがない交ぜになった存在であることは明らかです。わたしたちはみな、偽善や虚偽と無関係ではありません。わたしたちはみな、他人よりも自分のほうがましな存在であることを証明し、階段を上っていきたい、尊敬されたい、と願う思いを感じたことがあるはずです――ラルシュにおいてでさえそうです――。どこにおいてもそうなのです。

けれども、わたしたちが打ちひしがれた人たちと共に暮らしたり、見知らぬ人を受け入れようとしたりするとき、自分の内側に見知らぬ人が存在していることをだんだん発見していくことになるでしょう。わたしたちが破れのある人たちを外から受け入れるとき、その人たちはわたしたちに、自分の内側にいる破れのある人を発見するようにと呼びかけるのです。何らかのかたちで自分自身の破れに向き合わなければ、破れを抱えている人との関係を本当には取り結ぶことはできません。それは、みんなが心理療法を体験しなければならないということではありません。しかし、わたしたちは何を隠そうとしているのでしょう？　あるいは、何の背後に隠れようとしているのでしょう？　わたしたちは、自分の中にある生まれついての保身への思いや、衝動的な態度を識別しておかなければなりません。わたしたちはどこかで自分の弱さを隠そうとしているのです。

しかしそれでも、弱さはわたしたちの現実にとって大切な部分です。わたしたちは弱い者として生まれました。無条件の愛が必要だったのです。母親から、「わたしが想像していたよりもずっとあなたはすてきだわ」とか「あなたがいてくれてうれしいの。だってあなたは特別だから」と言ってもらうことが必要だったのです。アシスタントの一人が教えてくれたことですが、彼女は、ある母親が子どもに向かって、「できることなら、あなたを中絶したかった」と言ったのを聞いたというのです。このような記憶は、性的虐待を受けた子どもと同じように、人間の心の非常に深いところに残ります。それは、人生の土台に深い傷を与えかねません。わたしたちはみな、自分の弱さに対する深い恐れを持っています。なぜなら、誰かがわたしの弱さにつけこんで、わたしを破壊してしまうことを可能にするからです。そこでこのわたしは、防衛機制や自分を守るための衝動をつくりだします。わたしたちはみな、自分が誰であるかを他人から見られることを防ぐためにこしらえた防衛システムを持っています。

弱さはすばらしいものになりうる一方、ひどく危険なものにもなりえます。わたしには、親たちが抱いているはかり知れない苦悩を理解できるように思います。最近ある父親が、自分の妻に会いに来てほしいと頼んできました。彼女は四〇歳で妊娠八か月でした。涙に暮れ、しかも少々ヒステリックな状態になっていました——おなかの中にいる子は第一子でしたが、障がいがあることがわかったのです——。わたしは、ここで彼女に声をかけることはできない、と直感しました。耳に心地よい言葉を使ってはいけないときがあるのです。わたしにできることはただ、彼女を別の母親に引き合わせることでした。その母親は一年前、同じような障がいのある子どもを産んだのです。二人の女性は出会い、共に泣きました。

今日のフランスでは、あと数年以内にダウン症の子どもはいなくなるだろうと言われています。みな中絶されることになるからです。わたしがいくつかの学校を訪ねたとき、子どもたちがこう言っているのを聞いたことがあります。「ぼくの中に怪物がいるなら追い出すよ」。この現実が、今まさに起こっているのです。母親が子どもに対して大きな失望を感じるとき、子どももまた自分への失望を感じるのは当然のことでしょう。子どもにとってこのように感じるのはつらいことです。深いところで、子どもの自己像が破壊されます。その子どもは、「自分はよい子ではない」と感じるのです。

ラルシュの核心は、人々にこう語りかけることです。「あなたがいてくれて、わたしはうれしい」。そして、彼らと長期にわたって共に生活することが、その言葉を裏付ける証拠になります。わたしたちは共にいるので、共に喜ぶことができます。「あなたがいてくれて、わたしはうれしい」という言葉の意味を明らかにするようにして、実際に一緒に過ごしていくのです。

イエスはどのようにして人と人を結び合わせるのか

わたしたちは、はかり知れない苦悩の世界に生きています。わたしたちは問わざるをえません。いったいその苦悩は何を意味しているのでしょう？　そのような世界に生きているわたしたちは、いったい何者なのでしょう？　そして最も大切な問いはこうです。いったいどのようにしたら、わたしたちの防衛システムを打ち破ることができるのでしょう？　わたしはすでに、イエスがヴィジョンを――とても深遠なヴィジョンを――描いておられる、と言いました。それは、いったいどのようにしてわたしたちの分裂を克服するか、というヴィジョンです。わたしたちは歴史を振り返ることで、このヴィジョンをさらに鮮やかに見ることができるようになります。イエスの時代、障がいのある人たち、特にハンセン病患者は完全に拒絶されていました。また、ユダヤ人とローマ人との間には、社会の障壁が厳然として存在していました。かつてギリシアがそうしたように、世界はローマ帝国によって小さな集団に分割されていました。それが帝国主義のやり方なのです。かつて大英帝国があり、今はアメリカ「帝国」があり、そしてまもなく、中国が帝国となっていくことでしょう。そのようにして世界は動き、帝国の栄枯盛衰が繰り返されます。彼らは、自分たちの「平和」を押し付けることで世界を支配したいのです。

言（ことば）が肉となったのは［ヨハネ一・一四］、人と人を結び合わせ、分裂をもたらす恐れと憎しみの壁を打ち壊すためでした。それが、受肉がもたらすヴィジョン――人と人を結び合わせること――です。一致を求める祈りの中で、イエスは、わたしたちすべてが一つになるようにと祈られました［ヨハネ一七・二〇以下］。わたしたちは、平和をつくりだす、このような信じがたいほどのヴィジョンを与えられており、しかもそれは、二千年の時を経てなお進行中なのです。その達成には、さらに五万年かかるかもしれません。わたしには知る由《よし》もありません。けれども、キリストはいつも、人と人を結び合わせるために働いておられます。危険なことは、マーティン・ルーサー・キングが語ったように、わたしたちには、自分を高めようとして人を貶《おとし》める傾向があることなのです。

フランスのある経済学者による著作の中に興味深い指摘がありました。この人は問うています。科学技術が目覚ましく発達しているのにもかかわらず、いまだに何百万もの人たちが新鮮な水を手に入れることができないのはいったいどういうことなのか？　特にアフリカでエイズにかかっている人たちに、十分な食料や適切な医療が与えられないのはいったいどういうことなのか？　わたしたちには、この貧困に対してほんのわずかなお金を送ること以外になすすべがないように思われます。貧困は絶えず存在し、巨大な壁のようです。その経済学者は言います。「この悲惨な貧困を根絶できるとわたしには思えない。なぜならそれは、わたしたちの死に対する意識に由来しているからだ」。わたしたちは、近隣の人たちよりも自分のほうが暮らし向きがよいことを示さなければなりません。わたしたちは、他の人たち以上のもの——もっと権力があり、もっと富があり、もっと善良であること——を示さなければなりません。いったんイギリスとフランスの労働者の環境が多少なりとも適切な労働時間と適切な賃金によって改善されてしまえば、今度は、他の国の人たちが招き入れられ、誰もやりたくない仕事をするようになるのです。自分の暮らし向きのほうがよいことを示すためには、いつも貧しい人の存在が必要なのです(1)。

わたしたちはすべて、死の日をいつか迎えます。わたしたちはすべて、ついには貧しくなっていきます。土に埋められ、自分の上に墓石が置かれる日が来るとき、わたしたちすべてが同じ人間であることを、ついには思い知らされるでしょう。それなのになぜ、他の人よりも暮らし向きがよいかどうかなどということを思い悩むのでしょう？　数年したら墓石さえ取り去られ、わたしたちもみな忘れられていくというのに。

分裂、弱さと死に対する恐れ、それがわたしたちの現実です。けれども、わたしたちの心のどこかに平和への熱望があります。イエスのヴィジョンとは、わたしたちが底辺にいる人たちと出会い、彼らが自分を信じることができるよう、その手伝いをすることです。人々を分断している壁を壊すには、壁を打ち叩いてはなりません。底辺から始めなければならないのです。イエスは、貧しい人に福音を、捕らわれている人に解放を、圧迫されている人に自由を、目の見えない人に視力の回復を告げるために来られました［ルカ四・一八以下］。貧しい人たちが立ち上がっていく手助けをしましょう。そして、力と富を持っている人たちが、次のことを理解できるよう手助けをしましょう。すなわち、人間が追求することのできる最も偉大なものである平和のために、彼らもまたこのヴィジョンに加わり、弱い者が立ち上がる手助けを始めるべきであることを。

このことが実際に起こるなら、すべての人たちが変わりはじめていくことでしょう。力と富を持っている者はより謙虚になり、立ち上がる者は、被害者であり続けることへの欲求、そして、怒りあるいは絶望したままでいることへの欲求をかなぐり捨てることになるでしょう。このような霊性《スピリチュアリティ》は、神がこのわたしに求めておられることは、わたしが今いるところにいること、わたしが自分らしくあること、そして、謙虚であることである、と語ってくれるでしょう。これこそが、いのちの霊性であり、それが人々を立ち上がらせ、新たに人を生かすのです。それは、死の霊性ではありません。イエスは、打ちひしがれた人たちには立ち上がり、力を持っている人たちには分かち合いと共感というもう一つの道を発見することを求めておられます。

イエスはわたしをこのまま愛される

パリにある教会で初聖体にあずかった、障がいのある男の子がいました。ミサの後、親族で祝いの茶話会を開きました。その男の子の叔父が母親のところに来て言いました。「すばらしいミサだったね。ただ一つ残念だったのは、この子が何もわかっていないことだね」。男の子は、それを聞くと、目に涙を浮かべながら言いました。「心配しないで、ママ。イエスさまは、ぼくをこのまま愛してくれているよ」。

わたし自身でいてよいのです。わたしが年老いていくとしても、それでいいのです。それがこのわたしです。それもわたしの人生の旅路の一部です。こうあってほしい、と他人が願うような自分になる必要はありません。しかし、この社会は、このわたしが誰であるのかについて、ほんとうのところを教えてはくれませんから、わたしたちは自分のアイデンティティをめぐって苦闘することになります。サッカーのシーズン中は、イギリス人であれフランス人であれイタリア人であれ、みんなが自分の応援するチームに勝ってほしいので、歓喜の叫びをあげたり号泣したりします。わたしたちは自分の文化的アイデンティティや宗教的アイデンティティ――あるいは、無宗教というアイデンティティ――を持っています。しかし、国家的アイデンティティや民族的アイデンティティに支配されるとき、わたしたちはたちまち対立関係に陥ります。憎しみへと変わりかねない対立関係を避けるために、わたしたちにはもっと根本的な何かを見出す必要があります。

それがまさにイエスがわたしたちに与えたいと願っておられるもの――すなわち「信実」(truthfulness) という根本的なアイデンティティ――です。イエスは、信実の友となることをわたしたちに求めます。イエスは、わたしたちがあの男の子のようなアイデンティティ――イエスによって愛されているという意識――を持つことを願っておられるのです。もしもわたしたちが、自分の心の奥底にあるものを育てていくなら、わたしたちは変革されます。もはや、自分が属する集団が与える栄光を追い求める必要はなく、わたしたちは自由になるのです。それが「変革」です。

わたしたちは、ありのままの人間と出会うように、そして、お互いがすばらしい、大切な存在であることを知るようにと招かれています。もちろん、敵やテロリストとして行動する人たちもいるでしょう。わたしたちは自分の心に多くの痛みを抱えることにもなるでしょう。しかし、ほんとうに現実的な問いとは、いったいどのようにして、わたしたちの根本的なアイデンティティをいつでも発見していくか、ということなのです。それは、わたしたちは神の子であり、わたしたちと同じ根本的なアイデンティティを持つすべての人たちと結びつけられているというアイデンティティです。そのことをわたしたちが発見していくにつれて、互いに出会い、互いに対話していく道を見出します。

イエスがおいでになり、わたしたちと共有しようとしておられるヴィジョンとは、人々と出会い、人々を信頼することをめぐってのものです。イエスを信じるとは、わたしたちが愛されていることを信頼することです。宗教やその他の集団に属するということよりもずっと深くにあるものを知ることです。そこには、信実の友、イエスの友、神の友になるという根本的な経験が存在しているのです。しかし、このわたしは、それを独りで知ることはできません。このわたしには、共同体《コミュニティ》が必要です。このわたしには、友が必要なのです。

過去四〇年以上にわたって、わたしは障がいのある人たちが持っている変革力を学んできました。今わたしは、ホームでずっと生活はせず、ホームの外にある小さな場所で過ごすようになりました。しかしそれでも、毎回の食事を、障がいのある人たちと一緒にホームでいただくことがゆるされています。歳をとるにつれ、いわゆる「ふつうの人」と会うことがわたしには困難になっているように思います。そこで何を話せばいいのかわからないのです。しかし、障がいのある人たちとの夕の食卓では、ふざけたりして楽しむことができます。わたしは少しずつ、自分の場所を社会の周縁に移してしまっているのかもしれません。いっそう広がりのある世界に向けて語りかけることが大切であることはわかっていますが、二つの世界に生きることは決してたやすいことではありません。いっそう広がりのある世界の中で、わたしは、ホームにいる人たちのことや、そこにある楽しさについて話します。障がいのある人と共に生き、彼らと共に喜び、人生を共に祝福し、楽しむことが大切であるという発見について話します。多くの人たちは、ウィスキーの飲み方や映画を観にいく方法は知っていますが、祝う方法についてはしらないでいます。祝うとは、「一緒にいられてうれしい」と語り合うことなのです。

イエスがおいでになったのは、頂点にいる者たちが特権や権力や名声やお金を持ち、底辺にいる者たちが役立たずのように見られている世界を変えるためでした。イエスは、一つの体をつくるためにおいでになりました。パウロは、コリントの信徒への手紙一第一二章において、人間の肉体とキリストの体を比べながら、最も弱く、最も見劣りする部分こそ、体にとってなくてはならないものであると語っています。別の言葉で言えば、最も弱く、最も見劣りする人たちこそ、教会になくてはならない存在なのです。これまでわたしは、教会論に関する著作で、このことが真っ先に書かれているものを見たことがありません。誰がこのようなことをほんとうに信じるというのでしょう？　しかし、このことこそが信仰の核心であり、教会であるとは何を意味するのかということなのです。わたしたちは、最も弱く、最も見劣りする人たち、わたしたちがそこから身を隠してしまいたくなるような人たちのことを――この人たちこそ、教会に欠かすことのできない存在であるということを――ほんとうに信じているでしょうか？　もしもこのことが、わたしたちの教会のヴィジョンであったなら、多くが違っていたことでしょう。

わたしがこれまで指摘してきたことは、わたしたちが深いところで必要としているのは、壁の反対側にいる人たちと出会い、その賜物を発見し、それを感謝することである、ということです。わたしたちは決して、力をもって貧しい人たちを扱うことが必要である、とすることに巻き込まれてはなりません。わたしたちには、貧しい人たちと共にいることが必要なのです。それは、この世界を変えるプランのようには見えないために、いささか正気を失ったことのように思えます。けれども、おそらく、わたしたちが幸せであるなら、わたしたちは世界を変えることになるのです。おそらく、わたしたちに最も必要なことは、弱い人たちや傷つきやすい人たちと共に喜び祝うことなのです。おそらく、最も大切なことは、祝福のコミュニティをつくる方法を学んでいくことなのです。おそらく、わたしたちが共に楽しむことを学ぶとき、この世界は変えられていくのです。それは、深刻な事柄について語り合わないということではありません。しかし、おそらく、わたしたちの世界が何よりも必要としているのは、わたしたちが人生を共に祝い、わたしたちの世界の希望の印となるコミュニティです。おそらく、互いに愛し合うことは可能なことなのだ、という印をわたしたちは必要としているのです。

1　Patrick Viveret, *Reconsiderez la Richesse*, Paris: L'Aube, 2003.

⚜ 第4章　柔和さの政治学

スタンリー・ハワーワス

「愛は、特別な行為、あるいは英雄的な行為を意味するわけではありません。愛とは、思いやりを込めてふつうのことをするすべを心得ていることです[1]」。優しさと柔和さが、ジャン・バニエの人生と活動を、ラルシュの運動と共に特徴づけています。ジャンは言います。「コミュニティは、人々が日々互いに示す柔和な関心でつくられます。つまり、何気ない仕草や、『あなたを愛しているよ』とか『あなたといっしょにいられて幸せだよ』と呼びかけるいたわりや献身によってつくられるのです。それは、自分より先に相手を行かせ――自分の正しさを議論で証明するためにではなく――相手の小さな重荷を引き受けることです[2]」。柔和さ――ラルシュの世界は柔和なのです。わたしは与えられたこの機会に、「柔和さの政治学」について考察していきたいと思います。なぜ、政治学が正しくあろうとするとき、そこにいつでも柔和さが位置づけられる必要があるのでしょうか。

「柔和さ」は、殺伐し、混沌としている政治学の世界とはほとんど結びつかないものだとたいてい考えられています。政治とは対立や利益追求に関することであるとわたしたちは考えるのです。それに対して、柔和さは人格的な関係を特徴とするものです。それは権力や支配の問題とはほとんど関係ありません。しかしまさにわたしは、ラルシュにおける柔和さが果たしている役割に注意を促すことで、柔和さと政治学を区別する二元論的理解に異議申し立てをしたいのです。

この章において、わたしはジャン・バニエとラルシュの働きを例に引きつつ、倫理学と政治学に関する現代的前提に対する批判を展開していきたいと思います。したがって、わたしはバニエとその仲間たちを「利用」しようとしているわけです。それでも、わたしは知的障がい者のことを書くことについて、弁解するつもりはありません。大学機関に身を置き、ふだんから知的障がい者と接していないわたしのような者にとって、自分の主張に障がいのある人たちを利用することは、どこか詐欺行為のようでもあります。それでも、わたしがラルシュの世界に魅了されていることを最大限利用しながら、なぜ、わたしたちが教えられるべき多くのものがラルシュにあるのかということを、最善を尽くして論じていくことにしたいと思います。

ただし、柔和さに焦点を当てることは、まさに文章表現の問題をもたらします。わたしの書き方は論争的なので、多くの人は、わたしの文章を柔和だとか、優しいなどとは思わないでしょう。したがって、ジャンやラルシュにおける柔和さの重要性を議論するわたしの試みが、ジャンとラルシュがしようとしていることを、かえって裏切ってしまうことになるかもしれません。わたしがただ一つ弁明できることは、神は、わたしたちそれぞれに異なった働きをお与えになったということです。わたしの務めは、バニエの知恵を、哲学的・政治学的な立場の対話に置き換えることです。そのことは、わたしたちが「知的障がい者」と呼ぶ人たちにとって、正反対のもの――あからさまに脅すものではないとしても――になってしまうかもしれません。しかしそれも、わたしの書き方のスタイルが攻撃的で対立的なものであるからなのです。

けれども、わたしの議論のしかたによって、柔和さの意味を伝え損なってしまうことのないようにと願っています。わたしは、自分が聞く耳を持っている人間だと証明したいとは願っています。なぜなら、よく耳を傾けるようになることが、ラルシュでの生活における「柔和」という特質の基本だからです。ところが、わたしは学者であって、学者というのはえてして最もひどい聞き手なのです。わたしたち学者はいつでも、相手が話す前に、何を話そうとしているのかがすでにわかっていると思い込み、実際に相手が何を言おうがおかまいなしに、「あなたはこう言いたいのだな」と思い込んで受け答えするのです。結局のところ、よく聞けるようになるためには、柔和な人間になることが求められているのでしょう。

ジャンが正しいとすれば、よく聞くことを学ぶのはたいへん骨の折れることだというのは、とりわけ真実です。たとえば、ジャンはこのように述べています。

貧しい者に仕えることから始めるコミュニティは、その貧しい者がもたらしてくれる贈り物を次第に見出していくに違いありません。そういったコミュニティは寛容から始めます。つまりそれは、よく聞けるように成長しなければならない、ということです。結局のところ、最も大切なことは、貧しい人や、困窮している人のために何かをすることではなく、彼らが自信を持てるように手助けすることなのです。……コミュニティのなかには、メンバーが必要とする設備を整え、福利を増進することで成長しようとしているところがあります。このような成長はたいてい物理的な事柄です。全員が個室に入れるような、最善で最高に居心地のよい施設を建てようと努力するのです。そのようなコミュニティはたちまち消えてしまうことになるでしょう。しかし、貧しい人の叫びに耳を傾けることで成長しようとしているコミュニティもあります。たいていの場合、そのようにすることでそのコミュニティ自体はいっそう貧しくなっていきます。しかしそのことで、貧しい人たちにいっそう近づくことになるのです(3)。

もしもわたしがジャンに聞くべきなら、この言葉はいったい何を意味することになるのでしょうか。わたしは、いっそう貧しくなりたくはありません。わたしは、自分が批判する人たちを凌駕する主張をして、知的障がい者を擁護するふりをする学者のままでいたいのです。つまり、わたしは、柔和な人になることを学びたくはないのです。ラルシュのための戦士になり、この柔和なコミュニティを破壊するおそれのある政治学と戦いたいのです。ジャンも、もちろん戦士です。しかし、わたしが打ち倒すべき敵を目にしているところで、彼は、癒やされなければならない傷を見出しています。そこにはとても大きな違いがあります。

ジャンによれば、わたしたちはみな深い傷――「孤独」という傷――を負っています。わたしたちが、独りでいるのをつらく思い、コミュニティに加わることで自分の孤独を癒やそうとするのはそのためです。しかし、所属すること自体が目的の所属では、失望に陥らざるをえません。わたしたちはジャンが言っていることに気づかなければならないのです。「この傷は、人間である以上、生まれながらにして持っているものです。だから、傷から逃れるのではなく、傷と共に歩むべきです。神によってわたしたちはこのまま愛されており、聖霊が神秘的なしかたで傷のただ中に住まわれていることに気づくとき、わたしたちははじめて傷を受け入れることができます[4]」。

これが、ラルシュの中心にある根本的な視点です。わたしたちの敵を、神によって愛されている傷ついた人間として見ることができなければ、柔和にはなれません。ジャンが語り伝える障がい者の物語は、容易には克服できない孤独の物語であることもしばしばです。たとえば、ダニエルの物語がそうです。ダニエルの両親は、彼の障がいがあまりにもひどいために彼を見捨てました。ダニエルは施設をたらい回しにされたあげく、精神病院に入ることになりました。ジャンによれば、ラルシュの中でさえ、ダニエルはしばしば現実逃避をし、「怒りと自分自身を幻覚の中に隠していました。心を厚い壁で囲っているため、本来の彼ではなくなっていました。彼は生きること自体に罪責を感じていました。それは、誰も彼をそのまま受け入れようとしたくなかったからです[5]」。ジャンは、その著作の最終章で、子どもの心は容易に痛みやすく、その痛みが傷となり、その傷の周りに防御壁をつくるのだ、と言います。このように築かれた壁を壊すことができるのは、ただ、柔和さだけなのです。

柔和さの政治学

しかし、そのことは政治学とどのような関係があるのでしょうか？　ラルシュの柔和さは、なぜリベラルな政治理論が知的な障がいのある人たちを道徳的に位置づけることができずにいるのかを理解する助けとなる、とわたしは思います。断っておきますが、わたしがここで「リベラルな政治理論」と言うとき、アメリカの民主党の政策の前提にあるような思想について話しているわけではありません。そうではなく、アメリカにおけるリベラリズムと保守主義の双方が想定している政治哲学に言及しているのです。ハンス・レインダーズによれば、政治におけるわたしたちの取り決め事の中核には、次の前提があります。「個人には、自分の好みに応じて自分の生活をおくる自由がある。ただし、それは以下のような条件においてである。まず、それぞれが、他の人にも同じようにする同等な自由を認めること、また、社会的協働における相応な責任と利益を公正に認め受け入れること、ということである[6]」。

わたしなりに噛み砕いて言えばこうです。すなわち、わたしたちは、自分に物語がないときには、自分が選択した物語以外には物語はない、と信じる時代に生きているということです。これがリベラルな政治学によって形成されている社会の「自由」です。もしもこのことは自分に当てはまらないと思うのであれば、次のように問うてみてください。わたしたちは、自分が何をしているのかわからないまま決定したことに対して、責任をとるべきだと考えるでしょうか。多くの人はそう思わないでしょう。このような自由の倫理は、わたしたちの魂の深くに根づいています。つまりわたしたちは、自分が自由に選択し、自分のしていることを自分で理解しているときにのみ、責任が生じるべきだと考えているのです。

この考え方に伴う問題は、このような自由の理解では、「結婚」が不可解なものになってしまうことです。わたしたちが生涯にわたる一夫一婦の忠誠を誓うとき、そもそもわたしたちは、自分たちが何をしているのかわかっているでしょうか。キリスト者は、教会において、証人たちの前で結婚の誓約をすることを求められます。そのことによって、証人であるわたしたちは、新郎新婦が、自分たちが何をしているのかをわからないままに立てている誓約に留まり続けるようにさせているのです。結婚は、このような自由の理解を不可解なものとさせるものなのです。たとえば、子どもを育ててみればわかります。思い通りに子どもが育つことなど決してありません。しかしそれなのになお、わたしたちは、「親の信念に子どもが煩わされることのないように育てなければならない」と、途方もないプレッシャーを感じています。もしもそうでなければ、子どもは「自由」にはなれないと思うわけです。けれどもこのことは、なぜわたしたちが子どもを持とうとするのかがわかっていないことを暴露するだけです。そしてこのことは、今日、わたしたちの生を形成している自由についての根深い前提と全面的に関係しています。わたしたちは、自分に物語がないのなら、自分が選んだ物語以外には物語はないとみなす人間をつくるべきだと信じています。だから、わたしたちの子どもは、自由とは、ソニー製品かパナソニック製品か、どちらにするかを選択する程度のことであると思い込みながら育つのです。

レインダーズは言います。このように自由を理解している文化において、わたしたちは、知的障がい者を、

多かれ少なかれ、理性と自由意志の能力が欠落している存在として想定する。理性と自由意志の能力は、リベラルな公共倫理観の核心的価値に本質的な影響を与えており、この観点からすれば、知的障がい者は充分な道徳的立場を獲得することができない。なぜなら、道徳的共同体とは「人格」によって構成されるが、同様に、人格とは理性と自由意志の能力によって構成されるからである。人格に関するこのような考え方は、重度の知的障がいのある市民の「インクルージョン」［障がい者と健常者を分け隔てない教育の理念］という観点からすれば、とりわけ問

題がある。というのは、リベラルな視点からすれば、理性的で道徳的な主体という意味での人格のみが、相応の利害と配慮の受容者たりうるからである。(7)

大げさな言い方に聞こえないようにと願っていますが、わたしは、レインダーズが描いていることのことこそ、現代の政治を突き動かしている傷である、ととらえています。しかもこの傷は、容易に壊すことのできない壁に守られています。その壁はたいへん合理的なもののように見受けられるからです。わたしがこれまで述べてきた「自由の神話」は、人間は自分で自分を創造したものでは決してない、という事実を隠すため、自分に言い聞かせている物語なのです。政治哲学の分野で行われているいくつかの研究は、わたしのこの主張を支持しています。

二〇世紀後半において、ジョン・ロールズほど大きな影響を及ぼした政治哲学者はいないでしょう。彼は『正義論』という今や現代の古典となっている本を書きました。マーサ・ヌスバウムもまた、アメリカで最も著名な知識人ですが、彼女はロールズの後継者です。ヌスバウムは、リベラルな政治理論が知的障がい者の立場の理解を困難なものにすることに気づいています。彼女は『正義のフロンティア――障碍者、外国人、動物という境界を越えて』において、正義の社会に参与可能であるとされる人間は、「重度の知的・身体的な器質的損傷のない人々」だと述べています。(8)

しかし、そこでヌスバウムは、リベラルな政治学に支配的な理解を放棄するのではなく、リベラリズムの根本的視点を放棄せずに障がい者を包摂するような、リベラルな政治学理論へと修正しようとします。彼女は、そのことを三人の障がい者の名前のもとで実行しています。一人目はセーシャです。哲学者のエヴァ・キテイとその夫ジェフリーの娘ですが、脳性麻痺と知的発達遅滞のために、歩くこと、話すこと、読むことができません。二人目はヌスバウムの甥であるアーサーです。アスペルガー症候群の影響で社会に適応できず、学校で学ぶことはできませんが、いろいろな機械については達人です。三人目はジェイミー・ベルベです。文芸批評家のマイケル・ベルベとジャネット・リヨンの息子で、ダウン症候群をもって生まれました[9]。彼らはみな学者の子どもたちですが、ヌスバウムは実名を挙げています。彼女にとって、ここにある問題は机上の空論にはなりえないものなのです。

ヌスバウムによれば、契約当事者たちの相互有利性を基礎とした社会的協働を保障する試みこそが、リベラルな政治理論の核心にあるものです。「強い合理主義」と彼女が名付けるこの立場は、本能や偏見に訴えることを回避する政治的活動の説明が妥当とされうることを願いながら、リベラルな政策を提供しようとします[10]。このリベラルな政治理論とは、一つの見方をするなら、偶然性を避けようとする試みです。偶然的な歴史状況における経験に訴えることなく、真実である議論を提示しようとするのです。リベラリズムは、利他主義の前提に依拠するのではなく、相互便益の基本的原則を確立する、明らかに架空の交渉過程を前提とした正義についての説明を提供することを、わたしたちに教えます。その前提とは、そのことによって実際に最善の利益を得られると知ることができれば、人々は正しいことをする、というものです。

ヌスバウムは、このリベラルな政策の根本的前提を疑問視はしません。しかし彼女は、このような正義の理解は、障がい者を考慮から除外していることを察知します。これは少なくとも部分的には、「社会の基本的諸原理は誰によって設計されるのか」という問いと、「社会の基本的諸原理は誰のために設計されるのか」という問いを区別しないことから生じた結果です[11]。彼女は、「誰によって」と「誰のために」という問いをわたしたちが混同していると考えます。そして、このような混乱によって、リベラルな政治理論は経験に反した結果に終わるとヌスバウムは言うのです。なぜなら、知的障がい者が除外されているからです。そのような結果は、少なくとも現代において、以下の理由により経験に反しています。

障碍のある人びとに関する正義の問題が、あらゆるまっとうな社会の課題において目立っている今日、彼らのほとんどではないにしても多くが確かな選択能力を有していることに鑑みれば、彼らの全員を基本的な政治に関する選択状況への参加から省くことには問題があるだろう。そして、社会の最も基本的な諸原理が選ばれるさいの「誰のために」に該当する人びとの集団から彼らが切り捨てられることは、なおいっそうの問題をはらんでいる[12]。

ヌスバウムが格闘している相手は、わたしたちの社会に存在している両義的な立場のあいだにある緊張関係です。つまり、わたしたちは、知的障がい者をケアしたいと言う一方で、彼らを排除したいと思っているのです。すべてのロールズ主義者（またはそれに類似したリベラルな理論家）が、知的障がい者へのヌスバウムの関心に応えるためにしなければならないことは、障がい者たちが自身の便益を得るために交渉の席についたとき、彼らのために何らかの取り決めがなされる必要があると認識することであるように思われます。最初から競技場を均《なら》してさえおけば公正な競争ができる、と思われるかもしれません。けれども、そのような提案をロールズは受け入れることができないとヌスバウムは言います。なぜなら、それを受け入れたとしたら、「誰が社会で最も不遇な人びとであるかを測定するための単純にして明快な方法を、ロールズは失ってしまうことになる。この測定は、物質的な分配と再分配について考えるためになされなければならない測定であり、目下のところは所得および富だけに言及してなされている[13]」からです。

したがってヌスバウムは、知的障がい者が不当に排除されるべきではないのなら、ロールズのように所得や富に注目することよりも、「可能力アプローチ」(capabilities approach) に立つことが重要だと考えます。つまり、わたしたちは「一人びとりにできることは何か」と問うことができるようにならねばならないのです。ヌスバウムによれば、「可能力」(capabilities) に注目するということは、わたしたちは根本的に身体的な存在であり、合理性というのもわたしたちの動物性の一面にすぎないことを意味します。それゆえ、「ケアへのニーズを含む身体的なニーズは、私たちの合理性と私たちの社交性の特徴である」[14] のです。可能力に注目することは、さまざまなニーズが尊重されうることを意味します。この理解によって、なぜ大人よりも子どものほうがより多くのたんぱく質を必要とするのか、または、より一般的な言い方をすれば、なぜある人には他の人よりも多くのケアが必要であり、かつそのケアが一人びとりのニーズに応じたものでなければならないか、と問うことを可能にします。[15] さらにヌスバウムは、そのようなケアこそ、正義の問題としてふさわしく理解されるべきであると考えるのです。

障がい者のニーズを認めさせようとするヌスバウムの試みに、誰もが共感を覚えることでしょう。ただ、この可能力という概念が正義を発展させるかは判然としません。可能力という概念そのものが、特定の者のニーズと、それらのニーズを満たす者とを相関させることを可能にする実践についての詳細な分析に依拠しています。しかしながら、このような種類の具体性は、ヌスバウムがロールズのリベラルな枠組みを維持している限り有効ではありません。[16] それは問題を振り出しに戻らせることになります。つまり、人間の生の偶然性を想定しない政治学を考えるとき、知的障がい者は妨げになるのです。

アラン・ライアンは、妥当にも、ヌスバウムのアプローチは、障がい者のニーズや能力に関して説得力がないわけではないと述べます。問題は、彼によれば、なぜ障がい者に対するわたしたちの関係——ライアンが意味する「わたしたち」とは、障がい者ではないわたしたち、という意味でしょう——が不正義の問題であるかが明確ではない、ということです。ライアンは問います。

この義務は切迫しており、それは不可避で、緊急なものである、と言ったとしても、この義務は正義の問題ではない、ということになったら、いったい何が失われてしまうことになるのだろうか。ヌスバウムは、正義を相互の利益のための契約として説明する理論では、障がい者への義務が正義の問題であることが示せない、と繰り返す。アーサーを援助する人にとって、相互の利益はほとんどないだろう。わたしたちには、何か別の正義論が必要なのだろうか。それとも、多くの義務は、その恩恵を受ける者たちのニーズに直接的な根拠があるけれども、それは正義の問題ではない、ということになるのだろうか。正義の問題であるとするかしないか、ということによって、どのような違いが出てくるのだろうか[17]。

ヌスバウムなら、これに応えて、正義の問題であるとするかしないかによって大きな違いが出てくる、と言うでしょう。なぜなら、もしセーシャやアーサー、ジェイミーへのケアにおいて何が行われているかを理解しないなら、わたしたちは、彼らに対するケアについて信頼することのできない世界に彼らを置き去りにするかもしれないからです。彼らにはケアをしてくれる両親がいたから幸運ですが、もしもケアをする両親がいなかったら、いったいどうなってしまうのでしょう？セーシャやアーサーやジェイミーへのケアを保障する理論を提供する試みにおけるヌスバウムの問題点はまさに、それが一つの理論にすぎないということです。しかもその理論は、わたしたちがお互いに相手から、また障がい者から守られるためには、孤独の傷を受けることはどうしても避けることはできないというものなのです。

これに対してレインダーズは、障がい者のケアをすべきかどうかについて、懐疑的な傍観者たちと議論しても意味がないと主張します。代わりに彼は、障がい者のケアの実践に意欲をもって取り組む人たちの存在が、リベラルな社会にとって重要だと言います。レインダーズによれば、いかなる公共政策も理論も、障がい者の生にとって負担と思われる問題を解決することはできません。ただ、「市民を動機づけ、その問題が必要としている深い関与を高く評価するようにさせ、人的資源を開拓していく」[18]ことがない限り。結局のところ、他者と共に生きる生活の中にある重要性は――そして、ふつうその重要性は驚きとして訪れてくるものでしょう――、活動そのものの外側に見出すことはできないのです。

ここまでいささか冗長に政治理論を考察してきましたが、それはこのわたしを、ラルシュの働きの特徴である「柔和さ」へと引き戻してくれるのです。「ラルシュ――その歴史とヴィジョン」という初期のエッセイの中で、ジャンはどのようにして自分が今のジャン・バニエになったかを書いています。彼は、知的障がいのある人に初めて出会ったのは、一九六三年のことだったと記しています。ドミニコ会の神父トマ・フィリップは、トローリー・ブルイユと呼ばれる小さな村にある三〇人程のホームのチャプレンでした。ジャンはトロント大学の聖マイケル・カレッジで哲学を講じていたのですが、トマ神父を通して、トローリーのフィリップとラファエルに出会い、一緒に生活し始めました。ジャンは記します。

わたしたちは一緒に暮らしはじめ、食べ物を買い、料理、掃除、庭の手入れなどをしました。

わたしはハンディキャップのある人たちのニーズをほんとうに何も知りませんでした。わたしがしたかったのは、ただ彼らとコミュニティをつくることでした。もちろん、わたしは何をするべきかを彼らに教えたがるほうでした。彼らの意見や願いを聞くこともなく手はずを整え、日々の計画を立てたのです。このようなやり方は、ある面で必要であったと思っています。というのは、わたしたちはお互いに相手のことを何も知らないし、彼らが何もかも決められた状況の中から来ていたからです。けれども私は、ハンディキャップのある人たちのニーズを聞くことから多くを学ばなければなりませんでした。つまり、彼らの成長する能力について、多くを学ばなければならなかったのです(19)。

ここで政治学の理論が立ち行かなくなります。ヌスバウムは、ジャンに障がい者を助けるための正当な根拠を与えたいと願っています。しかし彼女にできていないのは、なぜジャンが彼らと共に暮らすことになったのか、ということへの理由づけです。しかし、ジャンはまさにその理由が必要だったと語っています。彼は、柔和になる方法を教わらなければなりませんでした。知的障がい者に対して柔和であることを学ぶのは、簡単なことではありません。ジャンがすでに述べているように、彼らもまた孤独の傷に苦しんでいるのです。彼らは、あまりにも多くのことを求めかねません。それは、柔和さとは、信頼を生み出すための地道で忍耐強い働きを要求するものであることを意味します。信頼を深めるために決定的に重要なことは、ラルシュのアシスタントたちが、自らの孤独によってかたちづくられた闇や破れ、そして自己中心性を見出すことです。覚えておくべきことは、アシスタントたちはみな、わたしがここまで述べてきた政治学的前提によってすでにかたちづくられた上で、ラルシュにやって来ているということです。ジャンによれば、わたしたちもまた、知的障がい者のように傷ついていることを発見する苦闘を通して、次のことを発見していくのです。「(わたしたちが発見することはどれほど切実に、) わたしたちがイエスと助け主［聖霊］を必要としているか、ということです。わたしたちは、この方なしに、自分よりも弱い兄弟姉妹に共感し、彼らと共に生きる生活へと入っていくことはできません[20]」。

もしも、ジャンは自分が学んできた政治学的な含蓄を理解しているのか、と疑う人がいるならば、彼はわたしたちに次のように教えてくれています。

> (知的障がい者との交流を通して、) どれほどわたしたちの社会が分断され、断片化されているかを、わたしは発見しました。健康に過ごし、社会とうまくなじんでいる人たちがいる一方で、片隅に排除されている人たちもいます。まるでアリストテレスの時代のように、今なおこの社

会に、主人と奴隷が存在しているのです。わたしは気づきました。異なった文化、異なった宗教、さらには異なった個人同士を隔てている深い溝に架け橋をつくる努力がなされることがなければ、平和は決して実現しない、ということを[21]。

ジャン・バニエの学位論文はアリストテレスについてのものでした。ある政治体制が善いものかどうかをはかる試金石は、その社会が美徳のある人間同士の友情を維持できるかどうかというところにあるとアリストテレスが考えていたことを、ジャンはよく知っています。アリストテレスは、友情には三つのタイプがあるとします。第一の「有用性の友情」は、相手を必要としている限り続くものです。現代のわたしたちが「ビジネス的な関係」と呼ぶものです。第二の「快楽の友情」は、互いが互いを楽しんでいる限り続きます。しかし、第三の「美徳の友情」は、互いが相手の内に美徳を見出す、対等な人のあいだに結ばれるものです。けれども、アリストテレスは、知的障がい者とそうでない者とのあいだに友情が成立するとは考えていなかったでしょう。ジャンは、友情こそラルシュである、と信じています。このことは、アリストテレスによる友情理解に対する異議申し立てであるのと同時に、友情を結果論としてとらえるような政治学を構想する、リベラルな政治学の前提に疑問を投げかけるものです。

これが、ラルシュの実際の働きをつくり上げている柔和さの特質が、ラルシュ特有のものではなく、財の共有に取り組もうとするあらゆる政体に必要であると、わたしが大胆にも提案している理由です。というのは、柔和さは、わたしたちに次のような理解を求めるとレインダーズが考察しているからです。

他者とは、以下のような意味において、わたしたちに「与えられている」存在である。それはつまり、わたしたちの生活にはルールや社会道徳の規範に先立って、他者が存在しているということがわたしたちの責任を形成しているという意味において、「与えられている」のである。道徳的責任は、契約関係や独立した個人間の協働的交換から生じるのではない。そうではなく、社会的関係のネットワークの中に自分を見出すという道徳的自己の本性から道徳的責任は生じてくる。……愛と友情関係によって享受される便益は、条件的なものではなく結果的なものである。そのことが、なぜこれらの関係によって形成される人間の生が、贈り物として適切に理解されるのかを説明する。知的障がい者のような依存的他者への責任を受け入れる社会はこれらの義務を果たすであろうが、それは、このような説明を真実として受け入れる十分な人々がいるゆえである。[22]

長い引用を短く言い換えましょう。わたしたちは、自分自身の生をつくりあげようとはしません。わたしたちは生を贈り物として受け入れようとするのです。自分が物語を持っていなかったとき、自分が選択する物語以外に物語はない、という物語は虚偽です。人間であるとは、わたしたちは被造物であるゆえに、自分たちの生を自分自身で創造しようとはしない、ということです。キリスト者とは、自分が存在することを感謝することのできる父なる神がいると理解している人たちのことです。キリストの弟子になるとは、わたしたちが自分の生を贈り物としていさぎよく受け入れるようになることです。そしてそのことには、最も深みのある政治学的含みがあるのです。しかし、現代の多くの政治学理論やその実践は、わたしたちの生が互いに受け取り合う贈り物であることを認めないですます社会をつくりだそうとしているのです。

これらは小さな問題ではありません。シャロン・スナイダーとデヴィッド・ミッチェルは、『障がい者の文化的位置』という著作で、障がい者の文化的モデルを提唱しています。それは、「障がい者として指定されることを、抵抗の現場として、また、かつては抑圧されていた文化的行為者の源泉として定義し直すという政治的行為――少なくとも、障がい者の関係団体が、不利な物質的・言語的遺産を考慮しつつ、自分たちの定義をうまく書き直すまでになる行為――」を可能にする、というのです[23]。言い換えれば、彼らは、障がい者たちが権力を要求することで、社会から貼り付けられたレッテルに対して抵抗するのを見たいのです。抵抗は不可欠である、と彼らは言います。なぜなら、近代社会にとって、障がい者に指定することには、害悪、そして約束が示されているからです。その約束とはすなわち、「障がい者が存在すること自体が、原始的な過去の状態へと後退しようとする文化的退化の頽廃的現状を特徴づけていた。一方、同時に、障がい者がいなくなることが、文化的プロジェクトとしての近代の完成の印となる約束のように考えられていた[24]」。ただわたしに言わせるならば、障がい者についてのカルチュラル・スタディーズ［多元的・批判的文化研究を通して、近代国民国家における虚偽や差別的・抑圧的状況ならびに弱者側からの修正や抵抗を示唆する学問領域］的モデルが、そこで望まれているような抵抗をもたらすとは思いません。最終的には、ヌスバウムが前提としているエートスを利用することになるのではないかと思っています。

それに対してジャンはすでに、自由という名のもとでわたしたちの生をつかんで離さない孤独の傷を克服するために必要な、ある種の贈り物をわたしたちに与えてくれていると思います。ジャンがラルシュという贈り物を、政治学的なものと考えているのは正しいことです。ラルシュのような模範なしには、わたしたちは孤独の傷から生じる「不信の政治学」に代わるようなものは何もない、と思い込んでしまうことでしょう。わたしたちの多くが、ダニエルのように、存在すること自体の罪責に苦しんでいるので、自分の傷つきやすさを知らなくてもいいように、厚い壁によって自分を守ろうとしているのかもしれません。ジャンは、お互いに寄り添いあう方法を示してくれていますが、それは決してわたしたちが「考え出す」ことのできなかったものです。あるベテラン牧師が、会衆の中にいるわたしたちを見つめながら、このように言うのをよく聞きました。「あなたがたがここにいることが奇跡なのです。教会は、人間が考え出したり、想像したりしたものではありません。神がそうなさったのです」。わたしたちには、ラルシュを考え出したり、想像したりすることはできませんでした。神がそうなさったのです。だからわたしたちは、たとえ最も困難な関係においても、ラルシュのレッスンにしっかりと耳を傾けましょう、柔和であるために。もしもわたしたちが耳を傾けるならば、ジャンの物語を通して、人生が贈り物であることをためらいなく受け入れることができるようになるでしょう。

神と柔和さ

柔和さが政治学にとって重要であることを述べるためには、これくらいの小さな書物で十分であるように思われます。けれども、さらに大きな課題へと探求を進めないまま、この章を締めくくるわけにはいきません。簡潔に言いましょう。わたしたちが見たラルシュにおける柔和さは、神なしにも可能なのでしょうか？　ジャンの著作は、まぎれもなくカトリック的な確信と敬虔に満ちあふれています。わたしがすでに引用したジャンの言葉の多くが、イエスと聖霊なくしてラルシュの働きは不可能であろうことを実際に明らかにしています。

しかし、『幸福のために生まれて』という著作の中で、ジャンは、今日、多くの若者が宗教的信仰を持っていなくとも、人間的な事柄を考察するために、ある理性的なレベルにおいて彼らと交流することが大切であることに変わりはないと考えています。アリストテレスの洞察の多くは、あらゆる倫理に妥当すると彼が言うのはもっともです。ジャンが理解するように、人間であるとは、法令に従うことによるのではありません。むしろ、人間であることは、「能う限り完全に成し遂げることができるようになることを意味します。もしわたしたちが十分に成し遂げることができるようにならなければ、人間性全体にとっての何かが失われるのです。アリストテレスにとって、この成就は、最も完全な活動の実践、すなわち、あらゆる事柄に真実を探し求めること、嘘や幻想を避けること、正義と一致した行動をとること、社会における他者のために行動すべく自己を超越すること、などによるものです[25]」。

ジャンが、キリスト教的信念を共有していない人たちとの対話を維持する手がかりとしてアリストテレスを用いることに、わたしが疑念をさしはさむ理由は何もありません。わたしは、チャールズ・ピンチスと共に、キリスト者であるとはいったい何を意味するのかということをキリスト者が理解する助けとして、同じようなアリストテレスの文献を調べたことがあります[26]。わたしたちは幸福のために生まれたこと、そして幸福とは結局のところ、トマス・アクィナスが言うように、神との友情にほかならないことを、わたしはジャンと共に信じます。しかし率直に言って、わたしは、そのこと以上に恐ろしいことを想像できません。たとえば、少し考えてみてほしいのですが、コミュニティの中で、他人と友だちにされて、彼らの物語を聞かなければならないというのはいかに恐ろしいことでしょうか。ましてや、いったいどうしたら神と友だちになれるというのでしょうか。たしかに、神との友情のためには自己の変革が求められます。それは、わたしと知的障がい者ほどに違う人と友だちになることによって柔和になっていくことと似ていないこともありません。というわけで、アリストテレスは、信仰を共有しない者たちとのつながりをつくりだすことについては、わたしたちを手引きしてくれるでしょう。しかし、トマス・アクィナスがその偉大な著作で示したように、わたしたちがキリスト者として信じていることが、アリストテレスの範疇論を最終的に「打破する」可能性は依然としてあります。

それは次のことを意味すると思います。すなわち、もしも、柔和さが政治を構成する美徳であるならば、キリスト者は、自分自身をその中に見出すところの、リベラルな政治学的仕組みとの緊張関係を持たざるをえない、ということです。ロールズが障がい者を排除しているにもかかわらず、ヌスバウムがその主張を魅力的と見なす一つの理由は、次のとおりです。

［ロールズ的な政治的リベラリズムの観念は］市民を宗教や包括的な倫理的教説の線上で区分するだろう（魂や啓示、またこれらのいずれかの否認に関する教説のような）形而上学的・知識論的な教説に依拠することなく、独立の倫理的諸観念だけの観点から紡ぎだされているのであり、もしくは少なくともそうであることが望まれている。したがってこの構想は、さもなければ異なる包括的見解を持つ市民たちのあいだの重なり合うコンセンサスの対象となりうると、期待されている。(27)

わたしたちが知っている政治学は、このように、強い宗教的確信を私的な事柄に追いやって副次的なものにしてしまうように仕組まれています。実際に、柔和さが神との関係に基づいていると同時に、何らかのかたちで政治的仕組みの本質でもあるならば、わたしたちは、なぜラルシュの政治学が、現在の社会的仕組みとわたしたちとの間に緊張関係をもたらすのかを理解できるようになるでしょう。それは、ラルシュが「ランプを升の下に隠さない」［マタイ五・一五参照］でいることをいっそう重要なものにします。もしもラルシュが神学的な声を失うならば、それはラルシュにとっての損失のみならず、あらゆる政治学にとっての損失であり、とりわけ、ラルシュもその中に存在しているリベラルな政治的仕組みによって決定されている政治学にとっての損失なのです。

わたしが心から願っていることは、ジャンが、信仰を共有していない人の足を喜んで洗うことです。ジャンはヨハネによる福音書の注解書の中で、イエスが弟子たちの足を洗った記事から、権力の問題について考えを巡らせています（ヨハネ一三・一―一七）。彼は、あらゆる社会が、権力を持つ者、富める者、知識人たちが頂点に立つピラミッドのようにできていると述べます。しかしイエスは、弟子たちの足を洗うことによって奴隷の身分となられました。ジャンは、障がいのある一人の人が自分の足を洗ってくれたとき深く感動した、と告白しています。障がいのある人がジャンの足を洗うのは、ヨハネによる福音書の政治学とは、ジャンの言うように、「逆転した世界」に属しているものであるからなのです[28]。

一方、ジャンは、障がい者の足を洗おうとするような者たちにとっては、彼らが行う「奉仕」の名に隠れながら、結局は、権力ピラミッドというモデルを前提にしてしまう誘惑があると語ります。たとえば、三一三年のコンスタンティヌス帝の回心以後、教会と国家が結びつき、多くの司教や修道院長たちが、王子や君主のごとくにふるまうような結果となったことを挙げます。社会を支配する慣習が教会の慣習となり、教会が堕落していくのです。しかし、アッシジのフランチェスコは、教会制度——もちろんそこに多くの善良な人たちもいましたが——を攻撃することを否定するようになり、貧しい人たちと関わることによって、別の道を選びとりました。[29]

ジャンは、フランチェスコが兄弟団の長たちに示した訓戒について黙想しながら、このように書きます。

イエスに従う者は、常に逆説に巻き込まれるでしょう。牧会者や教師や指導者は不可欠な存在です。彼らには権力があります。しかし彼らは、どのようにして、その権力を福音の精神の中で行使すべきでしょうか。どのようにして、イエスの福音の真実についての明確なメッセージを伝えるべきでしょうか。どのようにして、富める者の力に対抗する声をあげるべきでしょうか。どのようにして、謙遜のうちに自らの生を献げるサーヴァント・リーダーになるべきでしょうか。[30]

ジャンは答えます。「貧しい人や弱い人がいるとき、彼らは、権力の罠に陥ること——たとえそれが善いことを行う力であっても——からわたしたちを救ってくれます。権力の罠とは、自分たちこそが善い者であって、救い主と教会を守らなければならないと考えてしまうことです[31]」。この言葉は、柔和さの政治学が「勝ち組の政治学」にはなりえないことを意味しているとわたしは理解します。だから、いっそう大切なことは、多様な背景や宗教的伝統を持つ人たちを和解させるべく努力するという名目のもとで、ラルシュの神学的な声がかき消されるようなことがあってはならない、ということです。わたしたちがキリスト者としてなすべきことは、キリスト教世界が失われたことを悔やむことではありません。しかし、キリスト教的な社会構造や社会体制が失われている中で、次のことがなおいっそう重要なものとなっています。すなわち、弟子の足を洗うイエスの業に表れた柔和さによるケアは――そして、ラルシュによって体現されている柔和さは――、十字架によってわたしたちを救おうとされた方をはばかることなく証言するものとなるのです。そうでなければ、わたしたちの孤独はすでにこの方によって乗り越えられており、わたしたちは互いに信頼することができるのだということを、この世界はどのようにして知りうるというのでしょうか？

1　Jean Vanier, *Community and Growth*, London: Darton, Longman and Todd, 1979, p.220.［『コミュニティと成長』］
2　Ibid., pp.25-26.
3　Ibid., pp.97-98.
4　Ibid., p.94.

5 Jean Vanier, *Drawn into the mystery of Jesus Through the Gospel of John*, New York: Paulist, 2004, p.145. [『イエスの神秘に引き込まれながら——ヨハネによる福音書を通して』]

6 Hans Reinders, *The Future of the Disabled in Liberal Society: An Ethical Analysis*, Notre Dame. Ind.: University of Notre Dame Press, 2000, p.14. [『リベラルな社会における障がい者の将来』]

7 Ibid., pp.15-16.

8 Martha Nussbaum, *Frontiers of Justice: Disability, Nationality, Species Membership*, Cambridge, Mass.: Harvard University Press, 2006, p.17. [マーサ・C・ヌスバウム『正義のフロンティア——障碍者、外国人、動物という境界を超えて』、神島裕子訳、法政大学出版局、二〇一二年、二三頁。なお、「ケイパビリティ」(capability) という語には「潜在能力」「伸びる素質」「生き方の幅」などの訳語があてられてきたが (同書五一八頁参照)、ここでは神島に従って「可能力」とする]

9 Ibid., pp.96-98. [同書、一一三—一一五頁。]

10 Ibid., p.53. [同書、六五頁。]

11 Ibid., p.16. [同書、二二—二三頁。]

12 Ibid., p.18. [同書、二五頁。]

13 Ibid., pp.113-114. [同書、一三三頁。]

14 Ibid., p.160. [同書、一八四頁。]

15 Ibid., p.170. [同書、一九〇頁。]

16 Alan Ryan,"Cosmopolitans," *New York Review of Books* LIII (June22, 2006), pp.48-49. [「コスモポリタン」]

17 Ibid., p.49.

18 Reinders, *Future of the Disabled*, p.207.［『障がい者の将来』］

19 Jean Vanier, "L'Arche: Its History and Vision," in *The Church and Disabled Persons*, ed. Griff Hogan, Springfield, Ill.: Templegate, 1983, p.52.［「ラルシュ――その歴史とヴィジョン」、『教会と障がい者』所収］

20 Ibid., p.59.

21 Jean Vanier, *Made for Happiness: Discovering the Meaning of Life with Aristotle*, trans. Kathryn Spink, London: DLT, 2001, p. xiii.［『幸福のために生まれて――アリストテレスと共に人生の意味を発見する』］

22 Reinders, *Future of the Disabled*, p.17.［『障がい者の将来』］

23 Sharon Snyder and David Mitchell, *Cultural Locations of Disability*, Chicago: University of Chicago Press, 2006, p.10.

24 Ibid., p.31.

25 Vanier, *Made For Happiness*., p. xiv

26 Stanley Hauerwas and Charles Pinches, *Christians Among the Virtues: Theological Conversations with Ancient and Modern Ethics*, Notre Dame, Ind.: University of Notre Dame Press, 1997, pp.3-51.［S・ハワーワス、C・ピンチス『美徳の中のキリスト者――美徳の倫理学との神学的対話』、東方敬信訳、教文館、一九九七年。］

27 Nussbaum, *Frontiers of Justice*, p.163.［『正義のフロンティア』、一八八頁。］

28 Vanier, *Drawn into the Mystery*, p.228.［『神秘に引きつけられて』］

29 Ibid., pp.236-237.

30 Ibid., pp.237-238.

31 Ibid., p.238.

⚜ おわりに――平和運動としてのラルシュ

ジョン・スウィントン

平和の根本原理は、一人びとりの人間が大切な存在であるという信仰です。

ジャン・バニエ

わたしは信じています。キリスト者たち、非キリスト者たち、そのいずれにとってもラルシュが無比な贈り物であるのは、平和がどのような姿をしているかを、わたしたちの目に見えるようにしてくれていることなのです。

スタンリー・ハワーワス

「そうでなければ、わたしたちの孤独はすでにこの方によって乗り越えられており、わたしたち

は互いに信頼することができるのだということを、この世界はどのようにして知りうるというのでしょうか?」[ハワーワス]

なんとすばらしい問いかけでしょう。暴力と無意味にすっぽり身を浸し、他のあらゆる物語の意味を理解するための物語を見失っているこの世界は、信頼することは可能であるということを知る必要があります。そのような世界は、この世に暴力が存在するにもかかわらず、平和が、ただ可能性の領域にとどまらず、現実に目にすることができるものとして存在することを知らなければならないのです。キリストの十字架が世界の闇に勝利したのはたしかなことであるとしても、わたしたちには、そのことを、ときには目で見る必要があります。わたしたちが平和を待ち望んでいるということは、平和を目撃することを切望しているということなのです。

スタンリー・ハワーワスは、最近発表した論考において、ラルシュを「平和運動」として描いています。[1] そこで彼は、ジャン・バニエが最近になって、ラルシュ共同体は平和の具体例となる場所である、と強調しはじめていることに着目しています。たしかにハワーワスが言うように、バニエは急速に、平和の具体例となることがラルシュの重要な働きであると理解する立場になりつつあるのです。本書から浮かび上がった課題に沿って言うと、バニエは引き続き、暴力の源である「恐れ」に、わたしたちの関心を向けさせようとしています。完全な愛は恐れを克服します[ヨハネの手紙一第四章一八節」。しかし、恐れはわたしたち自身の中に立てこもり、暴力の可能性への道を開きます。ハワーワスは次のように言います。

わたしたちの生を支配する恐れは、第一に、敵に対する恐れではありません――それは、わたしたち一人びとりが自分の敵なのだと認識されるまでのことですが――。そうではなくて、暴力の源である恐れは、わたしたちの生が傷ついていることを認めたがらないようにさせる恐れなのです。ラルシュは、互いの傷が露わになることの避けられない場であり、そしてそれがうまくいくならその傷が癒やされる場です。そして、ラルシュは、平和のために不可欠な忍耐という習慣を学ぶことのできる場所でもあります。バニエは、このような平和の理解によって、国際的なレベルでは、より平和な世界をつくり出す結果をもたらすものとはならないかもしれないことをわかっています。しかしそれでも、彼は言います。「わたしたちはみな、どこにいようとも――わたしたちの家庭においても、職場においても、わたしたちの教会においても、わたしたちの近隣においても――、平和の民でいるようにと招かれています」[2]。

どこにいようとも平和の民となる方法――このことこそまさに、本書に収められたエッセイがわたしたちに差し出してくれるものです。歴史も時間もわたしたちのものではなく、神からの贈り物であり、そこには目的と方向があるということをわたしたちがよく知るようにと、バニエとハワーワスは招いています。神によって創造され、神によって正しい結末に導かれることが約束されているこの世界で生きる以外、わたしたちには選択肢はありません。そうでなければよいのにと願うことが、事あるごとにあるかもしれませんけれど！　神の摂理から逃げ出し、自分だけの時間の内側で平穏に生きられたら、と願うこともあるでしょう。しかし、この世界の暴力が指し示すことは、そのような「自分だけの時間」の内側で生きたいという願いや欲求は、実体のないスペースをつくり出すことでしかない、ということです。そこは、変革への希望や可能性、そして、神による和解も存在しない世界であり、この世界の痛みと出会うだけの世界です。そのようなスペースに長く住んでいたいとは誰も思わないはずです。わたしたちは、神の時に生き、神の歴史の中を歩んでいます。この世界の救いは神がなさるわざであり、わたしたちのわざではありません。わたしたちのなすべきことは、どこにいようとも信仰をもって忠実に生きる民、平和の民でいることです。このような平和を形づくっていくことは、この世の暴力によっては決定されることはありません。むしろ次のことを認めることによってなされていきます。それは、柔和な方であるイエスがすでに時を贖い取ってくださったこと、そして、主が再び来られるときまで信頼し、忍耐し、柔和に生きることが信仰をもって忠実に生きる鍵となることです（ヤコブ五・七）。

ラルシュは思い起こさせてくれます。時間とは、無駄にしたり消費したり、貯めておいたり使ったりするただの日用品のようなものではなく、神の国の事柄を追い求めるためにわたしたちに与えられている贈り物である、ということを。ラルシュに生きる人たちは、時間が贈り物であることがよくわかっています。[3] 時間による独裁支配から解き放たれるとき、わたしたちはそれまでとは違ったしかたでこの世界が見えるようになります。そして、世界を別様に見るとき、この世界がどれほど奇妙な場所であるかに気づくようになるのです。そのように世界を見るとき、わたしたちはもはや、「究極的な運命と幸福は、いかにして自分の時間を『使う』かにかかっている」という危険な幻想に縛りつけられてはいないのです。そして、「新しい時間」というリアリティを発見します。そこで発見するのは、「この世界をもっとよい場所にするとは約束してくれない人たちへのケアの時間、自分の地位のために貢献するとは約束してくれない人たちと共にいる時間、物事がいつも『適切に』運ぶとは約束してくれない神に、ただ心から喜びをもってささげる礼拝へと足を踏み入れていく時間、そして、主が再び来られるまで忍耐をもって待ち望む時間」です。[4]

ラルシュは、時間が織りなす織物のただ中に、標識を立ててくれています。この標識は、イエスにおいて、平和の実践のための時はすでに贖い取られていることを思い起こさせるものです［欽定訳聖書ではエフェソの信徒への手紙第五章一六節をRedeeming the time, because the days are evil.（時を贖い取りなさい、日々は悪のもとにあるのだから）と訳している」。その標識がそこにある、ということによって、キリスト教とは理論ではなく実践である、とわたしたちに思い起こさせてくれるのです。キリスト教を信じるためにわたしたちに必要なことは、神について知ることだけではありません。すべての事柄において、そして、すべての時間において、神を見ること、神を感じること、神を愛することです。それがわたしたちの平和、わたしたちのシャロームです。平和は、福音に輪郭を与えてかたちにすることによってもたらされます。それは、実際に生きることができることがわかるように、目に見えるものである必要があります。ラルシュは、平和がどのような姿をしているかを、わたしたちにも目で見えるようにしてくれているのです。

平和を実現する人々は、幸いである。その人たちは神の子と呼ばれる。［マタイ五・九］

イエス

1　Stanley Hauerwas, "Seeing Peace: L'Arche as a Peace Movement," paper presented at the Templeton Foundation Conference in Paris, France, 2007.［「平和を見る――平和運動としてのラルシュ」］

2　Jean Vanier quoted by Kathryn Spink in *The Miracle, the Message, the Story: Jean Vanier and L'Arche*, Mahwah, N. J.: Hidden Spring, 2006.

3　このセクションにおける時間の考察については、フィリップ・ケネソンによるスタンリー・ハワーワスの思想の分析に依拠している。(Philip Kenneson,"Taking Time for the Trivial: Reflection on Yet Another Book from Hauerwas," *The Asbury Theological Journal* 45, no.1[1990])［「ちっぽけなことに時間をかける――ハワーワスからのさらなるもう一冊の本についての考察」］

4　Kenneson,"Taking Time", p.72.

スタディ・ガイド質問集

はじめに

1 この本を読もうと思った動機は何ですか。この本を読んで、あなたは何を得たいと願っていますか。

2 あなたにとって、障がい者に接した経験はどのようなものでしたか。あなた、もしくは家族や友人が「障がい者」だと言われたことがありますか。また、あなたは「正常」だと言われたことがありますか。そのように言われたことは、あなたの人生にどのような影響を与えてきましたか。

3 ジョン・スウィントンは、この本を読む目的について、人生のさまざまな経験を通して、あなたとは異なった目でこの世界を見ている人たちの声に耳を傾けることで、この世界を異なった目で見るのを学ぶことにあると説明しています。アンジェラの話（14―15 頁）を聞いてあなたは何を学びましたか。あるいはダイアンの話（15―16 頁）から何を学びましたか。

4 いわゆるふつうの世界で真実とされていることが、実はとても奇妙なのはどういうわけでしょうか。また、「障がい者たちに権利や責任を与えることで、わたしたちの社会に迎え入れようとする政策や実践を推進する一方、まさに同時に、あれこれの遺伝子技術を発達させながら、障がい者たちがこの社会に入ってくることを最初から阻止しようと企んでいる」（12 頁）という「ふつう」の人たちの前提について、何が語られているでしょうか。

5 なぜダウン症の胎児を中絶することが、思いやりの行為だとわたしたちは誤解するのでしょうか。それはどのような誤解でしょうか。

6 ラルシュは、障がいのある人たちと、そうではない人たちとが共に生きるコミュニティです。ラルシュは、「～のために行う」ことよりも、「～と共に生きる」ことをしようとしているとスゥイントンは言います。この違いにおいて問われていることは何でしょうか。このことは、人間関係の性質にどのような変化をもたらすでしょうか。

7「はじめに」を読んだあなたが、これからこの本を理解し、受け入れていくにあたって、どのような課題と向き合うことになると思いますか。どのような困難が考えられるでしょうか。また、「はじめに」のセクションで、よい知らせとして響いたのはどんなことですか。

第1章　ラルシュのか弱さ、そして、神の友情

1「障がい者」という言葉を耳にするとき、あなたはどんなことを思い浮かべますか。あなたには、特に何か障がい者から学ぶことがありますか。もしもあるとするなら、いったいそれはどんなことでしょう。

2 バニエは、ラルシュは「か弱い存在です」と述べています（31頁）。どのようなことで「か弱い」のでしょうか。ラルシュが乗り越えてこなければならなかった障壁とは何でしょうか。ラルシュにあるか弱さから、わたしたちは何を学ぶことができるでしょうか。

3 バニエは、変革とは、「わたしたちを他者から隔てる壁、そして、いちばん深いところにいる自分自身からも隔てる壁……孤独や神不在という土台の上の……恐怖の上に立てられた壁」（33頁）が消滅することだと言っています。あなたの人生における壁とは何ですか。変革について、ジャニーヌ、そして17歳のアシスタントの話から、わたしたちは何を学ぶことができるでしょうか。

4「いわゆる『ふつう』の世界」と、「脇に押しやられ、施設に押し込められ、わたしたちの社会から排除された人たち」「弱くて傷つきやすく、あるいは、生まれる前に殺されてしまうことさえある」人たちとの間にある「裂け目」（37頁）について、説明してみてください。ラルシュ

は、この裂け目に対して、どのような対応をしているでしょうか。あなたなら、この裂け目に、どのように対応するでしょうか。

5 バニエは、コリントの信徒への手紙1第1章に記されている、弱い者に対する神の恵みを、どのように説明しているでしょうか。神と共に歩むことについて、愛を叫び求める人たちからわたしたちは何を学ぶことができるでしょうか。

6 バニエが語る、貧しい人たち、障がいのある人たちにある「聖さ」とは、どういう意味でしょうか。

7 ルカによる福音書第14章12―14節をもう一度読んでみましょう。この箇所にあるイエスの教えから、わたしたちは何を学ぶことができるでしょうか。あなたの生活や教会の中で、このような食事や生活をどうしたら実行に移すことができるでしょうか。

8 あなたの教会は、どのようなしかたで、コリントの信徒への手紙1第12章22節にある「最も弱くて見劣りのする体の部分こそが、体にとって最も必要であり、称賛されなければならない」（47頁）という命令に従っているでしょうか。いったいどのようにしたら、あなたや、あなたの教会が、コリントの信徒への手紙1第12章の言葉に、よりよく従うことができるでしょうか。

9 ラルシュにおいて「祝う」ということは、「あなたこそ贈り物です。あなたこそ、このコミュニティへの贈り物なのです」（49頁）と確認してあげることだとバニエは述べています。「祝う」ということをこのように考えることは、なぜそれほどまでにラディカルなのでしょうか。他のしかたで祝うことと、ラルシュにおいて祝うこととは何が違うのでしょうか。このように祝うことが、あなたにはどのように思えるでしょうか。

10 この章全体を通してバニエが示している、障がい者から学ぶべきことはいったいどのようなことでしょうか。どのようにしたら、ここから学ぶことをあなたの生活で行っていくことができるでしょうか。

第２章　奇妙な場所に神を見出す

1 ゆっくり行動することは好きですか。スローダウンすることが大切だと思えたのは、どのようなときでしたか。また、どのようなときに、スローダウンすることにいらいらしますか。

2 ラルシュは教会に、スローダウンするように教えているとハワーワスは言います。なぜ、そのことがそれほど大切なのでしょうか。「スピードの文化」がもたらす悪影響にはどのようなものがあるでしょうか。ふつうに考えられているのとは異なるかたちの忍耐を、ラルシュはどのように具現化しているでしょうか。

3 ラルシュは、場所ということ、そして、「その場所を継続すること」の重要性をどのように伝えているでしょうか。また、いったいどのようにしたら、いつもの繰り返しが退屈に陥らないですむでしょうか。

4 ハワーワスは63―64頁で、1メートルの積雪があった吹雪の話を伝えています。科学技術と共同体について、この話からわたしたちは何を学ぶことができるでしょうか。

5 ハワーワスは、「ラルシュは、『進歩』とは、わたしたちを脅かすものすべてを排除することを意味してはならないことを思い起こさせるものとして存在している」（68頁）と語ります。ラルシュは、この教えをどのように伝えているでしょうか。またこれは、医療倫理にとってどのような意味を持っているでしょうか。わたしたちの政治的な営みにとってはどうでしょうか。あなたの個人的な生活においてはどうでしょうか。

6 キリスト者にとって、「解決のないこの世界において、……希望そのものとなる」(71 頁)とは、どのようなことでしょうか。それは何を意味しているでしょうか。どのようにしてラルシュは、解決のないなかでの希望を具現化しているでしょうか。

7「治療する」ことと「ケアする」ことの違いは何でしょうか。どのようにしてラルシュは、「治療する」ことの限界を示し、いっそう発展した「ケア」を求めているでしょうか。

8 ハワーワスは 75 頁で、ラルシュを初期の修道制になぞらえています。ラルシュは、教会におけるどのような変革を示唆しているでしょうか。そのことに伴う困難あるいは課題とはどのようなものでしょうか。

9 この章を読み終えた後、あなたは、障がい者をこれまでとは違うしかたで理解するようになりましたか。あなたの生活、そこにある前提をどのように理解するようになりましたか。神は、あなたをどのように変えようとしておられるでしょうか。

第 3 章　イエスのヴィジョン

1 あなたの住む町、あるいは一人びとりの生活のなかで、崩すのが難しい最も強固な壁とは、どのようなものでしょうか。

2 いったいどのようにして、恐れは人と人との間の壁をつくり上げるのでしょうか。あなたは何を恐れていますか。恐れているものから自分自身を守るために、何をするでしょうか。そのことは、あなたの生活の中にどのような壁をつくり出していますか。

3 バニエは、障がいのある人たちの「神秘」について 83—88 頁で語っています。ここでバニエは何を言おうとしているでしょうか。フランソワーズの人生、あるいはビジネスマンの夫とアルツハイマー病の妻の話に、あなたはどのような神秘を見出しますか。これらの話において、神はどこにおられるでしょうか。

4 バニエは、障がいのある人を受け入れることによって学んだことを、次のように記しています。「わたしたちが破れのある人たちを外から受け入れるとき、その人たちはわたしたちに、自分の内側にいる破れのある人を発見するようにと呼びかけるのです」（89 頁）。あなたは、誰かを受け入れることによって、自分の破れや弱さをどのように学んだことがありますか。

5 ラルシュは、障がいのある胎児の中絶を推奨するような文化の中で、いったいどのようにして預言者的な証言をしているでしょうか。そのような中絶文化は、現に障がいと共に生きている人たちの自己像にどのような影響を与えるでしょうか。またそれは「ふつう」の人たちの自己像に対してはどうでしょうか。

6 キング牧師とバニエは、自分たちのほうが暮らし向きがよいことを示すために、自分よりも下にいる者たちを必要とする、という人間の欲求について述べています。あなたの住む町やこの世界において、この欲求は、どのようなかたちで見出されますか。また、あなた自身においてはどうでしょうか。

7 この章を通してバニエは、イエスがわたしたちをこのまま愛しておられることを繰り返し主張しています。なぜ、わたしたちはこのことをなかなか受け入れられないのでしょう。あの人たちをそのままイエスが愛されることはないだろう、というように考えたがるわたしたちは、いったい何者なのでしょうか。

8 バニエは 99 頁において、最も弱く、最も見劣りのする人たちこそ、キリストの体になくてはならない存在であるということこそ、「信仰の核心であり、教会であるとは何を意味するのかということなのです」と説明しています。もしもこのことを信じるならば、あなたの教会はどのように違って見えてくるでしょうか。あるいは、あなたの生活は、どのように違って見えてくるでしょうか。

第４章　柔和さの政治学

1 あなたはどのような人を、「柔和」な人と呼びますか。そのような人たちの人生にはどのような特徴があるでしょうか。

2 ハワーワスが、「柔和」（gentleness）という言葉によって言おうとしていることは何でしょうか。この章において、柔和とは何かということをとりわけ明らかにしている物語やイメージは何でしょうか。

3 バニエは104―105頁において、障がい者との関係が、「惜しみなく与えたい」という思いに駆られることから始まるものであったとしても、その関係は、耳を傾ける態度へと変えられていかなければならないと述べています。惜しみなく与えることから耳を傾けることへと進んでいくにあたって、大切なことは何でしょう。惜しみなく与えることではなく耳を傾けることによって定義されるとしたら、わたしたちの教会の働き（ミニストリー）は、それまでとはどのように異なっていくでしょうか。

4 ハワーワスは、ハンス・レインダーズと共に、わたしたちの政治的営みは、次のような前提、つまり、「個人には、自分の好みに応じて自分の生活をおくる自由がある。ただし、それは以下のような条件においてである。まず、それぞれが、他の人にも同じようにする同等な自由を認めること、また、社会的協働における相応な責任と利益を公正に認め受け入れること、ということ」（108頁）に基づいていると指摘しています。このような前提では、障がいのある人たちを理解できないのはなぜでしょうか。「健常」な人たちにとって、このような前提は、どのようなときに機能しなくなるでしょうか。

5 なぜ、理性と自由意志の能力によって人格を定義することが問題なのでしょうか。この価値観に従った場合、人間であることから除外されてしまうのはどのような人たちでしょうか。イエスは、人々のどのようなところに価値を見出しているでしょうか。

6 バニエとハワーワスは、彼らがラルシュで学んだ政治学的な意味を、どのように述べているでしょうか（特に 120 頁を見てみましょう）。

7 なぜ、ハワーワスは、「自分自身の生をつくりあげようとする」ことと、「生を贈り物として受け入れようとする」ことを区別するのでしょうか（122 頁）。この 2 つのモデルは、実際にそれを生きてみたとき、いったいどのようなものになるでしょうか。それぞれのモデルにおいて、わたしたちが他者に対してとる態度は、どのようなものになるでしょうか。キリスト者が語る物語は、それぞれのモデルに、どこがあてはまり、どこがあてはまらないのでしょうか。

8 ラルシュはいかにして、「不信の政治学」に取って代わるものの象徴たりえているでしょうか。また、そこにあるもう一つの選択肢としての政治学は、いったいどのような姿をしているでしょうか。

9 障がい者と友だちになることは、神と友だちとなるうえで、わたしたちに何を教えてくれるでしょうか。

10 バニエとハワーワスは、ヨハネによる福音書第 13 章にある洗足の物語に何を学んでいるでしょうか。わたしたちは、どのようにして、この物語をわたしたちの社会的また政治的な生活に生かしていくことができるでしょうか。あなたは生活のなかで、この物語をどのように生きていこうと思いますか。

おわりに

1 あなたは、平和とはどのような姿をしていると思いますか。

2 バニエは、「平和の根本原理は、一人びとりの人間が大切な存在であるという信仰です」（134 頁）と述べています。どのようにしたら、この本の中にあった物語や、あなた自身の生活から、バニエの言葉が真実であるとわかるでしょうか。何かをかけがえのないものとするために、あなたには誰が必要ですか。そのような個人や集団を、かけがえのないものとして受け入れることから生じる平和とは、いったいどのようなものでしょうか。

3 ラルシュがハワーワスに教えてくれたことは、暴力を生み出す恐れの第一となるものは、敵に対する恐れではなく、わたしたち自身の傷と弱さに対する恐れである、ということでした。あなたは、どのように傷つき、弱さを抱えているでしょうか。あなたは、どのようにその傷や弱さを人に隠そうとしているでしょうか。もしも、あなたがそれらの傷に向き合い、また他者と分かち合うならば、あなたと他者との関係は、どのように広がっていくでしょうか。

4 あなたが今まさにいるところで、どうしたら「平和の民」になることができるのか、ということについて、この本はどのようなアイデアを与えてくれましたか。

5「時間が足りない」という感覚が、あなたの生活にどのような影響を与えているでしょうか。それはどのようにして、他者のニーズや、あなた自身のニーズまでも見過ごしてしまう原因になっているでしょうか。時間と忍耐について、ラルシュはわたしたちに何を教えてくれているでしょうか。どのようにしたら、それらの教えが、わたしたちを平和に導いていくことができるようになるでしょうか。

6 この本を読み終えた後、あなたはどのようにして、さらに先へと進みますか。あなたはどのように変えられましたか。あなたはどのようにして、それまでとは異なったしかたで他者と世界に関わりたいと思いますか。

7 ラルシュという証言から、あなたが所属する教会はどのようなことを学べるでしょうか。この本を読んだ後、その集まりに、どのような具体的な提案ができるでしょうか。

《執筆者》

スタンリー・ハワーワス　Stanley Hauerwas

キリスト教倫理学者であり、合同メソジスト教会信徒。1940年、米国・テキサス州生まれ。デューク大学神学部でキリスト教倫理学の教授として長年教鞭を執った。『タイム』誌によって、アメリカの最も優れた神学者と評されている。邦訳書に、『平和を可能にする神の国』（新教出版社）、『大学のあり方』（ヨベル）、また、ウィリアム・ウィリモンとの共著である『旅する神の民』（教文館）、『主の祈り』（日本キリスト教団出版局）、『神の真理』（新教出版社）など、多数がある。

ジャン・バニエ　Jean Vanier

ラルシュ共同体の設立者であり、ローマ・カトリック教会の信徒。1928年、カナダ人夫妻のもとでスイス・ジュネーヴに生まれた。1964年に、知的障がいを持つ人と持たない人が共に生活するコミュニティ「ラルシュ共同体」を設立。現在は37か国152のコミュニティからなる国際ネットワークとして広がっており、日本では、静岡市の「かなの家」が国際ラルシュ連盟に加入している。また、バニエは知的ハンディを持つ人たちとその家族や友人が定期的に集まり、支え合うネットワークである「信仰と光」の共同設立者でもあり、このネットワークには83か国1450のコミュニティが所属している。カトリックの著作家として知られるヘンリ・ナウエンもまた、大学教授職から退き、トロントにあるラルシュ共同体に移り住んだ。邦訳書に、『ひとつとなるために』（日本キリスト教団出版局）、『ラルシュのこころ』（一麦出版社）、『小さき者からの光』（あめんどう）ほか、多数がある。

ジョン・スウィントン　John Swinton

スコットランドにあるアバディーン大学神学部の実践神学および牧会学教授であり、英国聖公会で牧師按手を受けている。1957年生まれ。同大学に「スピリチュアリティ・健康・障がいセンター」を設立してセンター長をつとめている。同センターがハワーワスとバニエを招待して行った講演会から本書が生まれた。実践神学の牽引者として多くの著作を執筆している。

《訳者》

五十嵐成見（いからし・なるみ）

1980年生まれ。青山学院大学文学部卒業。東京神学大学神学部、同大学大学院修士課程修了（組織神学）。聖学院大学大学院アメリカ・ヨーロッパ文化学研究科博士課程修了（Ph.D）。日本基督教団阿佐ヶ谷教会伝道師・副牧師、日本基督教団花小金井教会主任牧師を経て、現在、聖学院大学心理福祉学部兼人間福祉学部チャプレン・助教。滝山しおん保育園チャプレン。埼玉YMCA評議員。

平野克己（ひらの・かつき）

1962年生まれ。国際基督教大学卒業。東京神学大学大学院修士課程修了。日本基督教団阿佐ヶ谷教会、金沢長町教会を経て、現在、代田教会主任牧師。説教塾全国委員長。2003年、2013年にデューク大学神学部で客員研究員として過ごす。

柳田洋夫（やなぎだ・ひろお）

1967年生まれ。東京大学文学部倫理学科卒業、同大学院人文科学研究科修士課程修了、博士課程中退。東京神学大学大学院修士課程修了、聖学院大学大学院アメリカ・ヨーロッパ文化学研究科博士課程修了、博士（学術）。現在、聖学院大学人文学部教授・同大学チャプレン、青山学院大学、聖心女子大学非常勤講師。

スタンリー・ハワーワス、ジャン・バニエ

シリーズ〈和解の神学〉暴力の世界で柔和に生きる

2018年5月25日発行

訳　者　五十嵐成見、平野克己、柳田洋夫

発行所　日本キリスト教団出版局

〒169-0051　東京都新宿区西早稲田2-3-18

電話・営業03（3204）0422、編集03（3204）0424

http//bp-uccj.jp/

印刷・製本　河北印刷

ISBN978-4-8184-1004-6 C0016　日キ販

Printed in Japan